罗马西班牙广场台阶与圣三一教堂

梵蒂冈的圣彼得大教堂

意大利北部港口城市拉斯佩齐亚

废墟与松树

罗马斗兽场内

罗马城外的圣保罗教堂

庞贝古城一角

佛罗伦萨圣母百花教堂

威尼斯康复玛利亚教堂

佛罗伦萨老桥

马西莫歌剧院

探寻意大利

A Taste of Italophile

利明 著

廣東旅游出版社
GUANGDONG TRAVEL & TOURISM PRESS
中国·广州

图书在版编目(CIP)数据

探寻意大利 / 利明著. —广州：广东旅游出版社,2020.5
ISBN 978-7-5570-2103-0

Ⅰ. ①探… Ⅱ. ①利… Ⅲ. ①意大利—概况 Ⅳ.①K954.6

中国版本图书馆CIP数据核字(2020)第027490号

出 版 人：刘志松
责任编辑：龙鸿波 林伊晴
装帧设计：谭敏仪
责任技编：冼志良
责任校对：李瑞苑

探寻意大利
TANXUN YIDALI

广东旅游出版社出版发行
地址：广州市越秀区环市东路338号银政大厦西座12楼
邮编：510060
邮购电话：020-87348243
广州市岭美文化科技有限公司印刷
（广州市荔湾区花地大道南海南工商贸易区A幢）
开本：889毫米×1194毫米 1/32
印张：9.75印张
字数：170千字
版次：2020年5月第1版
印次：2020年5月第1版第1次印刷
定价：55.00元

目录

序

意大利作家路易吉·巴尔齐尼(Luigi Barzini)管世界各地的人到意大利旅游叫“和平的入侵”。在他那部杰作《意大利人》的开篇就说，外国游客到意大利就跟候鸟的迁徙一样，没有什么东西可以阻挡他们。他说：“在冬季这人流是涓涓细流，入春就长成河川，到4月、5月、6月就成了洪水暴发，冲决堤坝，一片汪洋。到9月它开始收敛，但是从不干涸。”

随后他写道，尽管意大利社会组织得不好，法律不健全，人又散漫浮夸，就像一个意大利名人说的那样：“幸亏有西班牙的存在，否则意大利就落到欧洲最差国家的地位了。”表面看起来这个国家似乎毫无希望。但是，意大利仍然那么吸引外来客，到底是什么原因呢？接着他回答，无论历史、宗教、文化、艺术还是时尚、饮食和人的风貌，都不是最重要的，也许最重要的是无法言说的东西，例如初恋的那种感觉。

如果有人继续追问，这种初恋是什么感觉？我可以帮助已经谢世的巴尔齐尼先生回答：那就是对意大利向往的滋味。因为我是个进入意大利不下百次的资深初恋者（英文有个专有名词“Italophile”，即“意控”），比起那些初来乍到的人，我自认为有资格尝试破解对意大利眷恋的那份“无法言说”。

根据我的行走、观察和阅读思考，我认为广义上说，对意大利无止境的“初恋”基于两方面：就民族性而言，意大利人是欧洲最像我们国人的民族，他们积极生活而又相信宿命，智慧而又精神涣散，充满活力和创造力，但又缺少社会凝聚力，富有同情心同时又自私偏狭。又因为意大利人生来具有表演天性，他们的优缺点比起我们来，要放大若干倍。了解他们，就跟我们自己照哈哈镜一样。还有最重要的一点，除了意大利，世界上再也没有哪一个国家和地区能在历史上引领了三次影响全球进程的文化运动，它们是古希腊罗马文化的传播、基督教文化的确立和中世纪的文艺复兴运动。可以这样说，你如果对西方文化感兴趣，在欧洲范围内遇到的所有问题，几乎都能从意大利找到答案。

当然，对意大利的“初恋滋味”，远不止这些。

一般来看，对世界各地的游客（其中也包括欧洲本土人）来说，欧洲旅游的真正魅力来自它的文化驱动力。虽然不好界定游客来欧洲五花八门的表面动机，但哪怕涉及购物、饮食这些极为生活化的事情，其背后的文化因素也在起着关键作用。比较起其

俯瞰圣十字教堂

他国家，意大利恰恰是这份文化推力的核心部分。相对应的例子比如希腊，人们对它的关注大致属于静态的，也就是古希腊文化断代之前的历史、艺术、戏剧与哲学。人们到雅典或者奥林匹亚观赏那些残垣断壁，或者博物馆里的缺胳膊少腿的雕塑，更多的是在缅怀一种早已逝去的文化“黄金时代”，再就是爱琴海那些美丽的岛屿；再比如东欧和巴尔干半岛诸国（希腊以北地区），让我们联想到的更多的是第二次世界大战以来，东西方冷战以及冷战结束后巨大的意识形态和社会变革。作为感同身受的中国人，到东欧旅游，我们不可能不把焦点放在这上面。用这种类比法可以在法国、中欧、西葡乃至北欧得出旅游侧重的结论来。但这个类比是以意大利为参照的。也就是说意大利是欧洲文化的发动机部分，而且它是一个有机体，充满活力。它有头颅——罗马，有肩膀和手臂——米兰、威尼斯，有腹部——托斯卡纳，有脚踝——那不勒斯、西西里。它简直就是一个活人。在它的头脑和躯体内，历史的和现实的，神学的和世俗的，艺术的与庸常的……一切都发展到了极致。总之，从最有形到最抽象，从最正常到最反常，从最高尚的灵魂到极为龌龊的人和事，通通在亚平宁这块20万平方公里的狭长半岛内杂糅在一起，并从无间断地把其精神散诸四方，深刻地影响着人类的文化生活。也正因为如此，一代代的文人学者就像中了魔咒一样不断探寻下去，这也许就是巴尔齐尼关于意大利所谓“无法言说的”秘密所在。

最后，应该说同等重要的是，意大利人是保存和散播这些秘密的关键所在。就活力而言，意大利的每个人都是一台发动机。

我在2007年（《从凯旋门出发》中信出版社）、2016年（《Ciao！阳光下的意大利》中信出版集团）出过两本欧洲旅游文化散论性质的书。尤其是后一本，基本把意大利主要旅游线路上的名城都概述到了。而这一本，是根据2017年在“喜马拉雅fm”上做的36讲《魅力意大利》的音频节目改编的。在这里我要强调的是，这本书的20多个章节，删除了音频节目中跟上一本（《Ciao！阳光下的意大利》）重复的篇章。这样，既避免了有冷饭重炒之嫌，也跟上本书相互呼应，形成姊妹篇。也就是说上一本是概述，这一本是稍稍详尽的探寻。

关于本书，我的谋篇布局依然建立在行走的基础之上，从罗马开始，然后南下卡西诺山、庞贝古城、那不勒斯和西西里；接着返回意大利北部，再南下米兰、威尼斯、比萨、托斯卡纳和佛罗伦萨等。我探寻的层次依次是国家、民族、城市、历史、宗教、建筑、艺术、时尚、饮食和人（有名的和没名的）。

我不指望能把意大利看透，也不可能给意大利的民族性和未来下一个结论。这是不可能做到的，因为没有结论，而且我自己也在不断摸索和探讨中。我只是想像镶嵌马赛克画一样，把各章拼接在一起，组成一个在空间上可做深度旅游探访的线路，也组成一个我眼中多彩的意大利，供读者朋友们阅读和借鉴。我的用心是

佛罗伦萨老桥上，在文艺复兴时期雕塑家切里尼的雕像前演唱的歌手

真诚的，说的对错只能交给读者们自己去判断了。

我既不是专家，也不是学者，充其量算个文化爱好者。令我有勇气讲述意大利的方方面面的是，我说的书，我都认真读过，我讲的故事基本都亲眼所见。我既不是好古好西化的人，也没狭隘到认为外界都不好。我有最普通和正常的兴趣：美食、好酒、华服、漂亮的外貌、友善的交往、堂皇的建筑、好故事、优美的两性关系、艺术、文学、音乐和壮丽的风景。这一切就像能打动你一样，也使我兴致盎然。就上述而言，意大利什么都不缺。当然我也不会袒护意大利的那些阴暗面。

关于本书体例，我再说明一下，因为是一本通俗读物，参考书目会列在正文后，重复的不再录入，引文会用引号，就不一一注释了。另外，我认为有参考价值的攻略部分，也放在每章的后面，或者附录中。书中所用图片，除了我自己拍摄的以外，还有好友李杰先生提供的部分照片，谨呈谢意，就不另外署名了。

利明

2018年9月28日

再修改于法国斯特拉斯堡

第一部分

从罗马到佛罗伦萨

罗马——美食、祈祷和恋爱

罗马是古希腊古罗马文化和基督教文化交汇的地方。

十多年前，美国一个名为伊丽莎白·吉尔伯特的女作家写了一本小说，翻译过来的名字叫《美食、祈祷和恋爱》。作者在书中提到了一个罗马当地小伙子，名字很好玩，叫卢卡·斯巴盖蒂（Luca Spagetti），就是说这兄弟姓“意大利面”。这本小说后来被拍成电影，好莱坞大制作，由大牌明星朱丽娅·罗伯茨出演，结果这故事传遍世界。就跟藤蔓攀附大树一样，畅销书一定会有后传之类的衍生品，于是署名斯巴盖蒂的书也随之问世，书名也差不多，就叫《一位意大利朋友：在罗马的美食、祈祷和恋爱》。其实这是一本用人物和事件包裹得比较巧妙的罗马旅游书。

上面提到的两本书我都挺喜欢。吉尔伯特的那部小说，其实继承了电影《罗马假日》以降的经典套路：外来女主角——迷茫——罗马（意大利）——邂逅——恋爱——重生，照此模仿者无数。关于第二本书的作者，据我推测是个跟意大利文化有深刻渊源的美国影子写手。但在这里，探讨后一部书的真实作者不是我的本意，而是我从他的行文中（哪怕是刻意的）看到了真实存在的意大利大男孩儿的形象：帅气有活力，喜欢美食、音乐和足球，内心活动纯净透明，时时反射出罗马那穿越千古的阳光的温暖和炽热。说实话，我就认识这么一位，所以我觉得那书写得很真实。

再说一遍，后一部书的作者叫卢卡·斯巴盖蒂（意面）。

因为喜欢这两本书，在此就用书名来讲述我心中的罗马——美食、祈祷和恋爱。

在罗马寻找美食，首先得需要抛弃固有的饮食观念。比如，说说最简单的咖啡吧。意大利不产咖啡豆，他们从美洲进口原料，例如牙买加，而意大利的烘焙技术是一流的。跟别的欧洲国家的咖啡稍有区别的是，意大利大小咖啡馆提供的espresso（也就是浓缩咖啡），打到杯子里，量非常之少，也就刚刚盖过小小的白瓷杯底儿，而且随咖啡还附上一杯清水，以便你在肚子里自己把浓缩稀释了。你如果盯着这咖啡露出狐疑的表情，服务员说不定会问你是不是需要Kafe Americano，也就是美式咖啡，老大一个杯子里盛满了棕色的液体。喝那玩意儿可以灌个水饱，但那不是咖啡，而是刷锅水。在他们的观念中，咖啡就要喝那股子浓缩的劲儿。如果你点的是加上泡沫奶的卡布奇诺，别指望服务员在牛奶泡沫上面用巧克力粉给你画出一个心形，或者花瓣什么的，他们实在没那工夫，也没那个必要。喝咖啡你可能会点一客甜品，意大利最典型的甜品是提拉米苏，那里面除了咖啡、可可粉、拇指饼干之外，一定不能缺少名叫马斯卡朋（Mascarpone）的奶酪，这是来自米兰所在的伦巴第大区的奶酪，别的奶酪没法替代。其实这奶酪是奶油和酒石酸的化合物。这就是为什么意大利本土之外，提拉米苏都有些不对味的原因，除非他们用上了马斯卡朋奶酪。而这种奶酪不好保存，价格高昂。关于提拉米苏的故事有好几个版本，都跟爱情有关，这名字字面翻译是“把我拉起来”的意思。因为微苦、香甜、冰冷爽口加上嫩滑，所以令人精神一振，好像寒夜里一个深深的亲吻。

在罗马寻找美食，还有三个基本原则。第一个，不要在意那些什么星级餐厅。这种餐厅除了价格高昂之外，大多形式大于内容，吃过之后更勾起饥饿的感觉来。我看过一个节目，两个颇有资历的意大利厨师，在罗马一家星级餐厅用餐，开胃菜是三两个小西红柿，上面撒着巧克力做的金箔，随后是两根虾须子和一克白松露做的汤，主菜也少得可怜。他们出了店门就打算回去做意面充饥。第二个原则是，如果办得到，不要在火车站或者游客密集的地方寻找所谓美食。意大利菜虽然用料朴实，但是需要下功夫，比如番茄肉酱就得熬3~4个小时。如果人太多，店家只能用买来的半成品对付你。所以当你问意大利人，什么最好吃？他会告诉你，妈妈做的饭菜都是最好吃的。没错，妈妈不想着盈利，肯下功夫，而且她的饭菜中包含了一份无私的爱心。这最后一点，任何餐馆也做不到。第三，找到合适的餐馆，最好不要点套餐，因为非常有可能吃不下，造成浪费。正式的意餐分开胃菜、头盘、主菜和甜点，有时蔬菜沙拉放在最后吃，而头盘有可能是意大利面。没错，名目繁多的意大利面不是主菜，所以，越讲究的餐厅，提供的意大利面分量越少，往往是巨大的盘子，中间一小撮面，看着都为那个盘子感到难过。

如果希望吃简餐，最好的是比萨，加一份沙拉。有一点必须提醒你，意大利本土的比萨，除了西西里这种特殊款式以外，都绝没有厚面饼。厚面饼是“必胜客”的标配。“必胜客”在全球开了好几千家分店，但就是无法进入意大利，因为意大利抵制这种标准化比萨。最基本的比萨是玛格丽塔（Pizza Margherita），那是1889年玛格丽塔王妃随国王去那不勒斯访问时当地人创制的。从那以后，比萨，这个那不勒斯当地穷人吃的面饼，传遍了全世界。以比萨玛格丽塔为基础，比萨上面可以随心所欲地放馅料。但是辨别比萨优劣的基本道理不变。上乘的比萨，第一个条件就是炭火烤，第二是最关键的原料奶酪，必须是水牛奶做的奶酪，叫莫扎莱拉（Mozzarella），别的任何奶酪都无法替代。在那不勒斯，最正宗的比萨店只在晚上由老师傅烤制，每天定量。但是，千万别以为那不勒斯是比萨老家，就在罗马或者意大利其他地方点名字叫Napolitana的比萨，因为这种比萨上面放的是小凤尾鱼，吃起来非常之咸。在我看来，这是店家要多卖酒水的花招。如果让我建议，可以尝试一下帕尔马生腌火腿比萨，名字叫Pizza Prosciutto Crudo。帕尔马的生腌火腿享誉全欧洲，有些像中国的金华火腿，把上乘火腿腌制再自然风干10个月后才能食用。切得薄薄的帕尔马火腿片铺在烤化的莫扎莱拉奶酪上面，入口的感觉跟高品质的意大利红酒好有一比，味觉的层次很多：热、香、软、绵、咸，加上生腌火腿的特别的野劲儿。

至于意大利面，统称Pasta，但是因为宽窄、粗细和长短以及形状的不同，具体有好几十种叫法。我有时候都想，如果我有意大利作曲家罗西尼那份天才，真可以把这些意大利面的名称串起来谱一首歌曲，保证优美动听。又因为酱汁的不同，意大利面的叫法简直就是天书。作为初来乍到者，我建议，最保险的办法是点一盘最基本的意面，叫Spaghetti Bolognaise，也就是博洛尼亚牛肉酱面。如果这家餐馆的这个面做得地道，别的绝差不到哪儿去。

罗马是首都，是五方杂处的地方，意大利各个地方的美食都能找到，我无法一一在此给你推荐。不过有几项意餐的用料标准还是应该做到心中有数：硬质小麦面粉、橄榄油、鸡蛋、新鲜蔬菜、黄油、大蒜、白葡萄酒做料酒、奶酪、番茄酱、鱼类和家禽。意餐做法简单，但对食材的新鲜和地道有严格标准。中国在马可·波罗之前不被意大利人知道，而意大利的第一版菜谱，在马可·波罗之前50年就已经出版了。总之，意大利的饮食上承古罗马下接法国，是近代欧洲西餐的鼻祖。最后提醒一下，在意大利一定不要错过意大利红酒，最主要的是两个产区，北部的皮埃蒙特区和中部的托斯卡纳区，而说到具体品牌那就太多了。意大利的餐饮中的学问既简单又高深，准备尝试前最好做足功课。Buon Appettito! 祝你胃口好！

从某种意义上说，祈祷和吃饭有互通的地方，因为人的精神世界也需要不断滋养，否则就会自我坍塌。我认为，罗马确实为内心有所祈求的人准备好了一切。从历史上看，罗马是古希腊古罗马文化和基督教文化交汇的地方。这是构成西方社会的两个最基本要素，那就是外部结构的宏观框架和人类精神世界的内部建立。这样艰深和抽象的话题如何形象地讲述？我觉得先不要轻易下断言，而是顺着两条线路仔细看看罗马具象化的文化表达，然后再往下琢磨。

这两条线路其实很简单，第一是参观罗马万神殿和圣天使古堡，第二是拜访罗马的四个天主教教皇级别的教堂：城外的圣保罗教堂、圣母大教堂、拉特兰圣约翰教堂和梵蒂冈的圣彼得教堂（再加上另三个教堂，罗马有“一日走七座教堂”的谚语）。

罗马万神殿（Pantheon Romano）建于公元125年，是当时的皇帝哈德良在原来的神殿基础上主持改建的。万神殿有一个古代世界最大的混凝土穹隆，跨度达到了43米。穹隆的中间有一个直径8.9米的大洞，这是大殿中唯一的采光点。从那里射下来的光线，随着时间的变化改变方位。万神殿是按照微缩宇宙的形式建立的，即便今天看起来也相当雄伟和壮丽。人在其中，随着光柱的移动，就跟看环幕电影一样，也许你会想到自己的一生不过也是光影的变幻而已。如果万神殿屹立两千年不倒，如果你认为它有永恒的意味，那么该怎样建立属于自己的、跟它相匹配的精神结构？我记得有个美国作家说过一段话："你如果为债务而烦恼，最好的解脱办法，就是对地球以外的事情想上30分钟。"万神殿就是这样一个能让你能想上30分钟的场所。至于债务，我们可以把它比作身外的一切。这并不是某些宗教关于"放下"的陈词滥调，而只是一个可参考的路径而已。圣天使古堡（Castello di Angelo Santo）其实也有相同的作用，只是跟万神殿相比，它最初的功能是陵墓，所以要反过来看待。

关于天主教堂，如果批判地看待，它们的宏大、华丽和铺张，跟基督教原本的朴实距离很远。但是，天主教的发展，似乎顺应了人类组织的必由之路，那就是最终跟权力和财富相结合。人类社会，无非由三个想象的要素构成：帝国、宗教和资本。如果说帝国和资本是结构的支撑，那么宗教就是向内的建立。天主教至少有一个重要因素没有得到削弱，那就是内省，通过这种内省，确立道德的和价值的标准。这个是古希腊和古罗马文化所缺乏的。天主教教堂的另一个伟大功能，就是以上帝的名义，把历史上最优秀的艺术品汇集一堂。谢天谢地，天主教没有脱离世俗的权力和资本，否则的话，就没有什么哥特、文艺复兴和巴洛克可欣赏了。如果没有了宗教艺术，内省精神的建立，起码缺少视听方面的激励，还因为没有足够的空间，人们交互的心理感应也会大大减色。对于局外人来说，恰恰是天主教的建筑和艺术，才使罗马成了祈祷的理想之地。在此，不管你信仰什么，祈祷什么，那些伟大的影像你是无法忘怀的，它们构成了生活的具有文化含义的一部分。

最后说到恋爱，话题虽然太私密，但正如斯巴盖蒂在书中说的那样，把罗马（ROMA)一词颠倒过来就是“爱情（AMOR）”。虽然古罗马有奥维德经典的《爱经》，现代有各种两性关系的指南，但对于个人的实际情况来说，不过都是纸上谈兵。那么该怎么办？记住罗马有特莱维喷泉（Fontana di Trevi），人们都在那里投硬币许下三个愿望。第一个是公共的，那就是再回罗马。剩下两个一定会跟爱情有关，而且要保守秘密，说出来就不灵了。

根据罗马给我的启示，我所理解的爱情，就跟彗星一样有一个闪亮的开头，然后拖着若隐若现的尾巴。记得有一次在万神殿门口，我见到一个老者，像古代先哲一样沉思着从里面踱了出来，他仰头望着门廊上方的柱顶头，眼光慢慢下移，最后锁定在一对坐在旁边台阶上卿卿我我的年轻人。虽然时隔多年，但我就是忘不了这老者的眼神。他的眼神中包藏了许多故事，那里闪烁着音乐般的东西，从小夜曲到悲歌什么都有，但底色却是固有的执着、无助和无奈。

罗马无论多么明亮，这种彗星体验在我内心深处时时泛起阴暗的感觉。在罗马，我曾有一个好朋友和工作伙伴。她生活在罗马多年，早年因为在国内失恋而来到意大利求学，后来嫁给了一个罗马中产男人。她有一个漂亮的混血女儿，她的老公虽然比她年长不少，但长相跟写《罗马女人》的意大利作家莫拉维亚一样儒雅。她住在罗马郊外一栋带花园的大房子里；她做教师、导游、文化交流工作多年；她说一口像唱歌一样美丽的意大利语；她从来衣着笔挺，裤子有熨得直直的裤线；她的笑和温言款语能把最焦躁的情绪和最阴湿的天气抵消掉。过去我们时常一起工作，闲下来无所不聊，哪怕是为最琐碎的家务烦恼。许多年来，我们一直相互帮助相互勉励，亲如姐弟。对我来说，有她的罗马一直是温暖的晴天。在五十岁刚出头时，她把靠省吃俭用、积攒多年买的国内房子卖了个好价。她在电话里向我欢呼：“我是富婆了！往下要过自己想过的日子啦！”她有许多退休计划，包括来法国看望我们。打这通电话几个月后我特意去罗马见她，我们吃了顿地道的意大利餐。是她告诉我意餐的秘诀：橄榄油、大蒜和番茄，要小火儿慢煎。又过去了不到半年，她因癌症去世。从此，我再想到罗马，那里就不再是一个有好友居住其中、嘈杂但有人情味儿的城市，而仅仅是一个承载好多文化历史概念的地方；我再想到罗马，也不大相信“美食、祈祷和恋爱”的经典套路能在那里完全实现，因为我觉得我的朋友一定是带着某种遗憾离去的。如果斯巴盖蒂的“宽泛的爱情包括最纯真的友谊”是句箴言，那么，我真心爱着她。她走了，相信是到另一个世界用橄榄油小火儿慢煎大蒜和番茄，留下我一直在期待那股香味儿从天空中飘过来。

如果说我们的故事微不足道的话，那么《罗马假日》的两个主人公，格里高利·派克和奥黛丽·赫本又怎样呢？其实他俩在实际生活中真的相爱过。但是世俗的力量无法抗拒，当赫本和别人结婚的时候，派克送去了一枚祖传胸针作为礼物，这是给爱人的信物。当赫本在许多男人中辗转，并不幸福，最后过世时，已到古稀之年的派克去送葬，对着赫本的遗体喃喃地说道：“你是我一生最爱的人。”最后以高价把那枚胸针赎了回来。

谁能代表在罗马相爱的情人，我想非格里高利·派克和奥黛丽·赫本莫属，不管在戏里还是在戏外。但是无论在戏里还是在戏外，他们都没走到一起。我们很多人，其实也是一样。但即便如此，我们还是应该坚信爱情的存在。否则的话，不如把本来要投入罗马许愿池的钱币，直接捐给慈善机构，帮助那些失恋或离婚的人进行心理治疗。

以上这些话，只能算开场白。关于罗马，我要说的还有很多。

罗马关键词：狼图腾与肚脐眼儿

2000多年以来，这个城市到底发生了怎样的从自然到人为的陵谷之变，也许是世界历史上最大的难题。

罗马城有一条河流、7座山丘、大片废墟、900多座教堂，无数蘑菇头一样的黑松（又叫地中海松）点缀其中。2000多年以来，这个城市到底发生了怎样的从自然到人为的陵谷之变，也许是世界历史上最大的难题。当下，那些用文字描摹罗马景观的书籍已经显得不合时宜。就算语言有出神入化的效果，具体讲述罗马，仍然有盲人摸象之嫌。另外，描述性语言又怎么能抵过泛滥成灾的图片呢？于是，讲述罗马故事非常之难，图省事的旅游人士甚至跟游客说，罗马所有废墟都是二次世界大战盟军轰炸造成的——这当然是瞎说。那么，罗马真的无从说起吗？我觉得，从两个关键词入手，也许能找到破解罗马秘密的可行性路径。这两个关键词就是“狼图腾”和“肚脐眼儿”。

狼图腾

如果绕开那些似是而非的故事不谈，单从狼性入手，确实能够窥探到古罗马的本质特征。

母狼雕塑据说是公元前5世纪罗马当地土著伊特鲁里亚人的作品，公元15世纪人们又把两个吸狼奶的男孩儿添加了上去。这个“母狼育婴”的雕塑作为罗马的城标和象征，早已深入人心，没有人对它们的来历表示怀疑。直到2006年，一个名字叫安娜·玛利亚·卡鲁巴的文物修复专家经过细心研究和比对，认为这个雕塑的真实制作年代应该是中世纪，应在公元7~8世纪之间，甚至更晚。因为古代罗马人和伊特鲁里亚人的铜雕都是分别铸造再焊接到一起的，而这个母狼雕塑却是一次浇铸成型，其艺术风格也是中世纪罗马式的。由此可以看出来，罗马起源的故事，跟这个母狼雕塑一样，都是编造大于史实。但谁又在乎这个呢？不仅是罗马，其他民族和国家的起源也都是虚虚实实，重要的是编造故事的戏

母狼与幼儿

剧性和象征意义，让我们有一个切实可感的立足点去了解这个城市和民族的起源。我想，罗马狼图腾的真实意义就在于此。

关于罗马的狼性特征，例如维吉尔的《埃涅阿斯记》所讲述的英雄传说、两个狼孩儿罗姆洛斯和雷穆斯建立罗马城、抢劫萨宾女人的故事等等，对于稍稍了解古罗马历史的人，早已变成了老生常谈。如果绕开那些似是而非的故事不谈，单从狼性入手，确实能够窥探到古罗马的本质特征。

从物种生存的角度来说，狼也许是大自然中生存能力最强的动物，处在食物链的顶端。它的天敌只有老虎和人类。在掠食过程中，它们的凶悍、耐力、顽强和机敏无与伦比，在必要的时候，它们也相互协作，但是等级森严；另一方面，它们会动用强力霸占配偶，也会相互攻击，而且绝不留情。虽然后来罗马逐渐扩张，在社会化和组织化方面都有相当大的进步，但是人们的品性还是没超越狼性。下面有三个突出的例子。

公元前494年，也就是罗马共和国早期，代表贵族的元老院和平民士兵因为债务问题发生矛盾。士兵罢工了，撤出罗马城5公里之外。因为随时处在战争状态，这是非常危险的。元老院派了一个代表去跟士兵们谈判。这个说客说了一番话非常具有代表性。他说："从前一个人身体的每个器官都有自己的思想，比如骨头就抱怨自己整天累死累活，拼命工作，而胃口却游手好闲，享受劳动成果。"这里的骨头指的是平民，胃口指的是贵族和元老院。那么结果会怎么样呢?“这人的两只手决定不再把食物送到嘴里去，嘴巴和牙齿也不再咀嚼和吞咽，结果身体就完蛋了。”最后他总结说，“胃口同样也在工作，依靠它才能消化食物，整个身体才能得到充足的养分。在这个过程中，新鲜的血液通过心脏和血管输送到全身，身体活力由此而来。”

这一番摇唇鼓舌似乎挺在理，其实就是把等级森严的狼性关系合法化而已。元老们需要士兵为他们卖命，又不能来硬的。这十足体现出狼性的狡猾。

第二个例子是维吉尔的《埃涅阿斯记》。埃涅阿斯来到阴间寻找父亲，他的父亲指着在冥府中的一些人说:“这些希腊人会做铜像和大理石雕像，在法庭上雄辩滔滔，了解天体的运行和日月的升降。但是，罗马人，你记住，你应该用你的权威统治万国，这将是你的专长，你应该确立和平的秩序，对臣服的人要宽大，对傲慢的人，通过战争征服他们。”

维吉尔写《埃涅阿斯记》的时候，已经到了共和国向帝国过渡时期，比起前面的胃肠和四肢的说辞又过去了将近500年。但是从根本意义上看，通过维吉尔的笔端，罗马的政治和外交理论仍然充满狼性的征服和掠夺欲望，没有根本的进步。

第三个例子是古罗马最具代表性的两个人物:恺撒和奥古斯都。这两个人可以合在一起来看待，就跟罗马古老的神亚努斯(Janus)一样，是一个人的两张面孔。恺撒的伟大已经被神化了，尽管他在立法、城建和民生方面确实做过一些历史贡献，但他仍然是狼性的代表。刺杀恺撒的元老院主谋布鲁图斯在历史上蒙骗了许多人。但是，对布鲁图斯来说，他对恺撒的私仇要远远大于所谓正义。恺撒是他母亲的情夫，而布鲁图斯对母亲的依恋，中间得有一个弗洛伊德来告诉人们复杂的性心理真相。下面是关键情节：公元前44年3月15日，在庞培剧院，当恺撒被众多元老纠缠住，无法脱身，身中数刀之后，布鲁图斯的匕首刺向的是恺撒的下体。而恺撒盯着他说了一句："还有你，布鲁图斯！"其实这话还有一种解释，类似英文的：You too！那意思应该是"我也会让你不得好死！"这种临死还准备反咬一口的狼性才符合恺撒的性格。有人说恺撒当看到布鲁图斯参与谋杀他时放弃抵抗，甚至还有人说布鲁图斯是恺撒的私生子，这些完全是无稽之谈。布鲁图斯出生时，恺撒才14岁，即便性功能没问题，也不可能会玩情妇这套成年人的把戏。

作为恺撒的继承人，奥古斯都当政时才18岁，但不出十几年，他既为恺撒报了仇，也战胜了最大的对手——恺撒过去的部将安东尼。最后获得了比恺撒还要大的权力，却让元老院说不出二话来，从而完成了从共和国到帝国的过渡。实际上，他的凶悍一点也不比恺撒差，恺撒和埃及艳后所生的儿子恺撒里昂（还是个少年），就死在奥古斯都的命令之下。从中可以看出，奥古斯都对政治对手不像恺撒那样宽厚，所以他不会犯前人的错误。而恺撒的致命弱点恰恰是他的狼性不够百分之百，也就是凶狠得不够彻底。例如事实早已证明布鲁图斯是个反复无常的小人，他先是投靠元老院，接着跟庞培起兵反对恺撒，当庞培战败被杀后，他匍匐在恺撒脚下表示效忠，最后又主谋刺杀恺撒。他假使在奥古斯都面前玩这种花枪，估计早死八百回了。

我们已经从几方面印证了罗马的“狼性”，但你可别忘了，狼是自然界生物，它们的本性是天然形成的。而人就不同了。罗马帝国是个超大的社会化组织，如果说其民众的冷静、彪悍和顽强具有十足的狼性，在早期的生物性竞争方面无往而不胜的话，那么它的最终失败也恰恰是因为这个。正如一个德国史学家说的那样：“罗马人不想理解生活或享受生活，他们只是要掌控生活。”这就是人跟狼的本质区别，人一旦完全掌控了生活，很容易就变成寄生虫了。

无论怎么说，对古罗马人的评价不应该超出当时的历史范围，古罗马人不见得比当时敌对民族的人更凶残。那个时代似乎讲不得平等、人道这类的空话，因为文明进化还没到那种程度。所以客观地说，说古罗马人是狼人，并不是贬低的意思。

肚脐眼儿

如果把整个罗马帝国比作一个有机体，其母城罗马对外的关系，恰恰可算作一个巨大无比的肚脐。

罗马人建城有一套严密的规则，在环地中海罗马所有征服的地方，有5000多个城镇基本都是按照这种规则建起来的。达·芬奇曾画过一幅素描，一个男子裸体像摊开四肢在一个圆周里，沿着四肢的边缘又有一个正方形。这幅素描被称为《维特鲁威人像》，非常著名。维特鲁威（Marcus Vitruvius Pollio）是古罗马时期最重要的建筑理论家。他认为理想城市格局应该符合人体比例，就是以肚脐为中心画出一个圆形，在圆形里面画出正方形。接下来规划出南北、东西两条十字相交的大路，其交汇点就是所谓肚脐，在未来城市的正中心，是城市最重要的广场、神庙和会堂所在地。以此为基准，再往下，以南北-东西相交的辅路，像棋盘一样一格格发展开来。

那么这个肚脐眼儿出自哪里？是祭司根据占卜和观察日月星辰得来的，这跟古罗马的多神教有密切关系。当找到这个原点，人们就在附近挖一个深坑，把祭品放进坑里，表示对冥神的尊敬。这样，这个城市就上接天，下接地，可以开建了。城市的四周都是有规定的尺寸的，用犁杖犁出浅沟来，代表城市的边界，神圣不可侵犯。而圆周就是边界外围的开阔地带，有利于防御。然后从外往里，按照刚才说的方式开始建设。不仅仅是城市，古罗马的兵营也是这么建设的，以方便部队集结和出动。

其实讲述早期古罗马的故事再热闹、再冗长（比如盐野七生的《罗马人的故事》），有两部书是绕不过去的，第一部是古罗马史学家李维的《建城以来》，第二部是18世纪英国史学家爱德华·吉本的《罗马帝国衰亡史》。关于罗马城这种“肚脐眼儿”式的建城方法，我就在吉本的书上找到了根据。罗马的肚脐，应该在坎皮多里奥山上（Campidoglio），那里是最重要的朱庇特神庙和元老院所在地。不过，这个小土丘海拔才50米，很难防守。据说公元前4世纪，高卢人入侵，发现了一条小路，轻松爬上罗马人据守的山丘。当时连狗都没有反应，而是警惕性更高的鹅发现了敌人，嘎嘎叫唤才把古罗马士兵惊醒。到后来还有鹅拯救罗马一说，每年定期给鹅穿金戴银对外展示，同时把一条狗钉到十字架上，因为狗在那次偷袭事件中失职了。

如果把整个罗马帝国比作一个有机体，其母城罗马对外的关系，恰恰可算作一个巨大无比的肚脐。通过征服和掠夺，这个肚脐与四通八达的海洋和陆地的道路网络连接，吸纳进来大量的粮食、战利品、动物、手工艺品、奴隶、宗教、神灵、各种零碎的知识。

在当今的罗马城，最引人瞩目的是古代废墟和巴洛克建筑。古代建筑至今还留有完整框架的，只有克罗赛奥斗兽场、罗马万神殿和圣天使古堡。但即便那些废墟，也让人能估量出，古罗马在公共建筑方面的杰出成就。它们在2000多年前，都是完整的、规模宏大的建筑。在最鼎盛时期，罗马城的居民超过100万，普通市民的生存环境、卫生条件都非常差，只有一小部分贵族能够享受宽阔的空间和便利的居住条件。作为补偿，罗马的公共空间都建得超级庞大，以便起到安抚民心的作用。比如位于共和广场高处的戴克里先浴场废墟。说它是废墟也不全对，因为它的一部分还作为教堂向外开放。比较旁边的豪华酒店，这个教堂的正门还有一个废墟式的立面，非常谦卑，上书“天使玛利亚及殉难者教堂（Basilica di Santa Maria degli Angeli）”。它是在文艺复兴时期，由米开朗琪罗主持改建的，原本是这个浴场的冷水浴室。虽然这个教堂只是当年浴场的局部，但它的尺寸还是相当惊人的，从入口到祭坛，长达90米。据专家计算，这个浴场是当时最大的，正殿长度为280米，能容纳6000人同时洗浴。

古罗马浴场的条件和功能达到了古代世界的极致，可以算作巨型的康乐中心。那里有热水池、温水池、蒸汽浴，还有按摩室、休息室、餐厅和妓院，另外还附设体育活动场地和图书馆，简直应有尽有。有钱和悠闲的贵族可以在里面寻欢作乐，一连好多天。

有一位学者就此说过一段话，非常精辟。他说：“虽然古罗马人给生活中的每一项内容都发明了专职的神灵，实际上他们崇拜的最高神灵则是自己的身体，这种身体拜物教的庙堂，就是公共浴场。”这种身体拜物教的另一个显著特征就是贵族们的大吃大喝，而且永远不会满足。多份古罗马文献和小说讲到，贵族们的欢宴通宵达旦，人们侧卧在软榻上拼命吃喝，同时观看裸体少年男女猥亵的舞蹈，或者干脆乱交。他们有时被淹没在最名贵的酒水中，到处是珍馐佳肴，头顶上的天花板也许突然开裂，大片的玫瑰花瓣从上面纷纷落下，把客人们覆盖。这不是想象的情节，而是事实。罗马贵族的餐厅边儿上一定有一个房间，这个房间有一个专门的名字，跟英文“呕吐”一词的词头一样（Vomito），是为客人准备的呕吐的地方，让他们在那里把肠胃倒空，以便能够回去吃下更多的美味。在罗马贵族的墓碑上，有不少记载怎样享受吃喝的文字，以提示后代，他们活着的时候，曾经有过怎样美好的生活。

说到这，我们不妨再回顾一下狼图腾的寓意，如果“狼性”在早期罗马创业阶段是正面意义的，那么到了身体拜物教的阶段，罗马人的“狼性”就从掠夺性变成寄生性的了。而罗马自身既不耕种也不生产。那么，这种寄生性使肚脐眼儿变成了自我戕害的伤口，而且溃烂得越来越厉害，到最后就无药可救了。

罗马之幸：
爱德华·吉本与他的《罗马帝国衰亡史》

英国诗人雪莱在美慕古希腊文明时说过一句话："我们都是希腊人。"我想，现代的欧洲人，甚至近、中东地区的人（如果他们有这个觉悟的话）都应该说："我们都是罗马人。"

爱德华·吉本在《罗马帝国衰亡史》的最后一句话，也许是最广为流传的："我是在置身于朱庇特神庙的废墟之中的时候，首次想到要写这一部后来消遣和消磨了我几乎近20年生命的书。"

根据该书的上下文，可以断定，吉本所说的朱庇特神庙废墟，就是今天罗马市政厅所在的坎皮多里奥山丘。我想罗马的废墟今天看起来和200多年前也不会有太大区别，但是我无法想象，在一个矮胖的英国年轻男子眼里，这些废墟到底是个什么样子？因为随后20年，他再现，或者说创造了从公元1世纪直到君士坦丁堡陷落这段时间的罗马的宏观历史。

吉本的眼界太博大和深邃了，像我这样一个业余历史爱好者，根本无法在一篇短文里能够概述其万一，因此我只能大致将其分成三个分支：罗马作为国家实体的败亡、罗马作为历史文化概念的长存和基督教的兴起和纷争。

罗马的兴亡

在吉本看来，公元1世纪五贤帝治下的罗马，是人类曾有的最为繁荣和幸福的社会。这五位罗马皇帝依次是涅尔瓦、图拉真、哈德良、安东尼·庇护和马可·奥勒留。在此之前，虽然罗马出过几个昏庸的皇帝，但是，他们都还遵循了奥古斯都的遗训。在奥古斯都死后，元老院公开宣读了他的遗嘱，他建议后继的统治者："永远只求保守住似乎是大自然为罗马划定的战线和疆界之内的那片土地：西至大西洋边；北至莱茵河和多瑙河；东至幼发拉底河；南部则直到阿拉伯和非洲的沙漠地带。"这等于说，五贤帝继承下来的罗马，具有完整的地理和政治框架，他们凭着自己的美德和能力，把罗马的荣耀继续维持下去。例如图拉真征服达契亚；哈德良常年巡视帝国各地，在艺术和建筑方面多有建树；马可·奥勒留是个资深学者，在忙于政务和战争期间还撰写了流传至今的《沉思录》。这些似乎达成了柏拉图哲学家治国的理想。但是，这么大的国家，光是依靠一个人的德行来治理，显然是危险的。到了公元

罗马斗兽场

180年，奥勒留的儿子康茂德继位之后，罗马就开始衰败了。从康茂德被杀之后，罗马就出现禁卫军拍卖帝位、19位暴君没有一个寿终正寝、罗马街头充斥着奴性的群氓、“在精神方面，也和在物质方面一样，穷得一无所有”等一派乱象。

接下来，戴克里先皇帝算是罗马的拯救者，但说他是分裂者也不为过。因为根据他采用的新帝制，罗马出现了两个皇帝和两个副皇帝，前者被称作奥古斯都，后者叫恺撒。而且，他的统治中心已不在罗马城。这就为以后的皇帝专断提供了便利条件。我们今天都难以想象，一个名义上限制皇帝权力的元老院设在罗马，而皇帝却远在米兰、拉凡纳，或者更远至东方的君士坦丁堡。这样的国家，即便不论政治、经济、军事等问题，单看它的行政管理，就让人感觉像一个身首异处的或多头的巨大怪物，如何能够运筹帷幄？我想如果没有奥古斯都事先建立的体制在自动起作用，罗马应该在戴克里先之后就土崩瓦解了。

君士坦丁皇帝是罗马中兴的关键人物，在他治下完成了三样大事：重新统一罗马、定都君士坦丁堡、颁布敕令使基督教合法化。他的第一项功绩、使罗马作为一个国家政体一直延续到了公元1453年；第二项措施的影响也许更复杂，从定都君士坦丁堡开始，罗马帝国就东方化和希腊化了，西部的拉丁地区已经被帝国放弃。按照吉本的说法，拉丁人勇猛而思进取，希腊人则好静和频频往回看。这么看来，东部帝国最终被土耳其人所灭，实在是历史的必然。关于君士坦丁皇帝和基督教的关系，吉本的眼光绝对深邃，直达这个著名统治者的内心深处。他说："首先，君士坦丁的思想可能一直在异教和基督教之间徘徊。第二，根据多神教的一些松散但十分谨慎的说法，他也可能把基督教的上帝视为组成上天庞大统治集团的诸神中的一员。"

我们通常把西部帝国被蛮族覆灭作为罗马的终结，时间是公元476年。但是根据当代史学家的说法，这一覆灭根本不能成立。因为后来哥特人的首领迪奥多里克做了意大利国王，而且公开表示对东部帝国的臣服。

我们再回头说东部。在查士丁尼时代，东部帝国完善了罗马法，并出兵光复了西部大部分领地。这一光复后来被法兰克人的查理曼接手，虽然他自己十分意外，认为这是当时的教皇给他设下的一个圈套。但无论如何，日耳曼人的神圣罗马帝国毕竟跟东部帝国双峰并立。这一西部帝国，在查理曼过世之后就沦落成空架子，正如伏尔泰讽刺的那样：它既不是罗马，也不神圣，更非帝国。到后来7个选帝侯轮流坐庄，名义上统治的大小诸侯各自为政，直到拿破仑时代来临。这是题外话，按下不表。东部帝国在遭遇了拉丁人的攻占之后（详见本书《威尼斯的1204年》一章），从此一蹶不振。随着土耳其人的崛起，它的国土越来越缩水，最后只剩下君士坦丁堡及周边地区。1453年土耳其人对君士坦丁堡的攻占，无论是西方盟国和天主教廷坐视不顾，是因为战术原因

（土耳其人把战船在陆上拖过地峡）还是防御疏忽（茨威格认为是城中守军忘了关闭一个小门；吉本说是土耳其人发现了守军挖的一个地道），都不是罗马最终被摧毁的决定因素。而决定因素也许是英国另一个历史学家汤恩比的论断，那就是历史充满了挑战和应战。罗马到了15世纪，已经太老朽了，因此在应战中失败无可避免。

吉本讲述了罗马15个世纪的历史。而我们如果往回追溯，从传说中的公元前753年罗马建城开始算起，直到1453年君士坦丁堡被攻占，罗马帝国一直持续了2206年。光是这个数字就够伟大的了，更何况罗马作为历史文化概念有惊人的持续影响力。

罗马：历史文化概念

罗马帝国到底有多大？吉本说有160万平方英里（约414万平方公里），这跟现在统计的414平方公里也差不多。吉本还说，据他不够精确的概算，罗马总的人口有1亿2000万。我觉得这些数字并不能说明什么问题，晚些年蒙古人横扫亚欧的时候，他们圈的地肯定比这还大，人口还多，但几乎什么也没留下来。关于罗马，下面的数字也许更有说服力。据吉本说，罗马帝国治下的意大利共有城市1197座，高卢地区有1200个城市，而单单是亚洲就有5000个罗马城市，它们的自然条件优越，生活富足，有许多艺术品装点其中。在2000多年前，城市化最大的意味是文明的传播，这其中包括语言、法律、城建、商贸、农业等等，相关细节是下一章所要探讨的。还有罗马后来被蛮族的不断侵扰，也是因为这些蛮族人羡慕罗马的富裕和文明。我们在此仅举一个例子：如果恺撒当年没有征服高卢地区，没有在那些地方强力推行罗马化进程，法国后来的历史发展是不可想象的，也许到了中世纪，法国还处在半野蛮状态，跟远在北极圈的维京人一样。

英国诗人雪莱在羡慕古希腊文明时说过一句话："我们都是希腊人。"我想，现代的欧洲人，甚至近、中东地区的人（如果他们有这个觉悟的话）都应该说："我们都是罗马人。"

基督教的兴起和纷争

基督教的成长和纷争在吉本的书中占了很大的比例。所以教内的权威人士甚至说，爱德华·吉本除了是罗马史专家之外，还是基督教史学家。在该书的第16章，吉本总结了原初基督教的五大成因。

第一是教徒毫不容人的狂热。基督教徒的狂热，来自犹太教。吉本说，最早的一批15位耶路撒冷主教全部是受过割礼的犹太人。而犹太人，其固执、排他和狂热，是世所罕见的，这是他们得以立世同时又遭到不断排挤的主要原因。

第二，来世说使教众"十分轻易地把人的灵魂看作是弥漫和支持着整个宇宙的无限的自在的精神的一部分"。因此这一教义便成了“无依无靠者的信仰，被压迫者的希望，穷人的慰藉，而在罗马帝国，这种人比军团的士兵还多”。

第三是一般传说中原始基督教会具有的神奇力量。关于这三点，吉本的一段话是我所读过的、关于基督教神秘主义存在理由的最好的解说：“17个世纪的变革已经教会我们不要对神秘的启示和预言过于深究；但只要我们容许这一错误为了明智的目的在教会中继续存在下去，它便会对基督教徒的信仰和实践产生极为有利的影响，他们将永远怀着十分敬畏的心情，期待着一个新时刻的来临，那时整个地球和各个人种的人类都将在他们的神圣的审判者面前战栗。”

第四是基督教徒纯真、严谨的品德。吉本在分析了人的喜爱欢乐和勇于行动之后，似乎对早期的基督教徒的品性评价不高。他说：“原始基督教教徒却完全无意使自己在这个世界上成为可爱或有用的人。”他们向往的是禁欲、苦行、忏悔和殉道，以至于亚洲的一个罗马总督不耐烦地喊道：“不幸的人们，你们如果真要是对生活如此厌倦了，找一根绳子或一处悬崖不是再容易不过吗？”最后一点则是基督教世界内部的团结和纪律。关于罗马人对早期基督教徒的迫害，在吉本看来是无限夸大了。他说：“在罗马世界流行的形形色色的宗教活动，罗马人民一概信以为真；哲学家一概斥为虚妄；行政官却一概视为有用。”这其实为基督教的发展，提供了一个相当宽松的社会环境。如果把《衰亡史》前后对照来读，会觉得吉本对基督教进行了极大的讽刺。基督教会早期的团结和纪律是真实的，也是为了应对外部压力必须采取的政策。但到了后期，东西教会大分裂，其理由今天看起来十分荒唐可笑。无论西部天主教还是东部所谓正教，他们一律在纠缠创始人的属性，而忽略了他的教条 。吉本说：“灵在正统基督教看来，不是圣神的赐予和属性，而是一种物质、一个人、一个神；他不是由父亲所生，而是按正统的方式发生了。他仅仅生自圣父，或许由圣子而生？还是同时来之于圣父和圣子？希腊人坚持这两种观点的第一种，拉丁人坚持第二种。”还有就是圣餐礼是用发过酵还是未发酵的面包这种琐事所引发的无穷纠葛。但是，在明眼人看起来，上述分歧的理由不过是借口，用以掩盖事实上的权力和利益争斗。而这一内部争斗所死的人要远远多于在罗马人迫害下牺牲的教徒。吉本说了真话，正因为如此，后世好多神学家和宗教人士对他抱有天然的反感。

在这样一部侧重旅游和文化史的书中，我必须提到罗马城之所以遍地废墟的原因。根据吉本的观察和研究，造成罗马废墟的有四个主要原因：时间和大自然的损害；野蛮人和基督教徒们的敌意的进攻；对材料的利用和滥用；罗马人的内部纷争。其中最冤枉的是蛮族人，他们通常被指责为罗马的主要破坏者，而实际上他们既没有时间也没有兴趣搞大规模破坏：“哥特人是在第6天，汪达尔人是在第15天就从罗马撤出了。”而被吹嘘为“上帝之鞭”的匈奴王阿提拉和他的军队，只是骚扰了意大利北部而已，压根儿就没进罗马城。那么，罗马毁坏的最主要原因就是上述的第三条和第四条。这是罗马城命运最可悲之处，就跟罗马帝国一样，拖垮和摧毁罗马的罪魁祸首是其自身。

薄伽丘在评价但丁时说，人类的天才分两种，一种是天生的，一种是经过后天的阅读和思考成就的。但是，像爱德华·吉本这种人似乎把上述两种天才品质复合到了一起，就像塔西佗和莎士比亚的叠加。如果说他的史学、哲学和神学成就是后天努力的结果，那么他操作语言的那份庄重、典雅和诗意，在描述戏剧性场面的那份张力，一定是与生俱来的。他的《罗马帝国衰亡史》使罗马的宏观历史具有了生机。这是罗马的幸运，也是我们普通读者的幸运。我窃以为，对历史爱好者来说，了解罗马可以分前吉本时期和后吉本时期，也就是说，没读过这部《衰亡史》，对罗马的一些道听途说了解得再多，也是枉然。最后，我不得不承认，我读的是商务印书馆翻译自英国作家D.M.洛对该书做的节本，上下两卷。虽然有全译本已经出版发行，但考虑到洋洋六大卷，我不得不感叹生命的有限。

罗马的遗产——恺撒与基督

罗马的遗产如果高度概括的话，是帝国与宗教。如果把这些遗产落实到两个具体人物身上，那就是恺撒与基督。

牛津学者理查德·詹金斯（Richard Jenkyns）编过一本专著，名字就叫《罗马的遗产》。可能因为他是文学方面的专家，所以该书主要侧重古罗马的文学成就对后世的影响。其实，罗马时代的文学，除了少数几位诗人作家之外，整体上无法跟古希腊的文学成就相比。罗马人忙于征服和政治，而且，初期的拉丁语非常简洁明了，就是为了传达命令、颁布法律用的，缺乏修辞方面的丰富性。

那么，什么是比较全面的、关于罗马遗产的讲述呢？我认为罗马的遗产如果高度概括的话，是帝国与宗教。帝国的支持是秩序，跟秩序相关的一定是语言、法律、信仰、军队、统合各个民族的管理手段、道路与城市的基础建设理念等等，最后，也许不情愿地成就了基督教。如果把这些遗产落实到两个具体人物身上，那就是恺撒与基督。

恺撒与基督，首先是两个人物，其次，又各自代表帝国和宗教。对这两个概念，你无论抱有什么样的不同意见，有一个事实却无法回避，那就是，它们至今还影响这个世界的方方面面，影响你，也影响我。

那么，我们罗马遗产的故事应该从哪儿讲起呢？

先说帝国。以色列当代学者尤瓦尔·赫拉利是个天才，他在那本热销的《人类简史》中说道：帝国是一种政治秩序，有两项基本特征，第一是要统治许多不同民族和地区，第二几乎可以无限扩张。以上两点太适合罗马帝国了，如前所述，在它最强盛时期，国土面积达414万平方公里，总人口数差不多1亿2000万。这种规模的帝国在工业化时代之前，如果没有一个高效管理手段的话，连一分钟都维持不下去。罗马帝国却维持了上千年，就算它从公元2世纪开始衰败到最后西罗马的灭亡这300多年时间，都比好多大帝国维持的时间要长，比如亚述、波斯、马其顿和后来的蒙古帝国。

说罗马帝国血腥征服、统治和剥削不假，但同时它也在征服的地方推广较为先进的文化、筹建城市、兴办教育、鼓励和赞助那些有才能的人。例如，罗马的好多知名作家和哲学家并非生于意大利本土，例如尼禄皇帝的老师、哲学家塞内加来自帝国行省西班牙，普鲁塔克是罗马时代的希腊作家。甚至连罗马皇帝的来历都跟帝国扩张有关，从奥古斯都往下，最著名的五位贤帝，两位生于西班牙，一位生于高卢。

罗马帝国用以维持秩序的手段，首推拉丁语。在古代，拉丁语不过是罗马的当地方言，但随着罗马的征服，这种语言遍及整个地中海地区。古罗马帝国崩溃之后，拉丁语是中世纪欧洲的天主教地区唯一的官方语言。后来经过变种，直接派生出来现在的意大利语、法语、西班牙语、葡萄牙语和罗马尼亚语，另外，英语和德语中有好几千词汇来自拉丁语。简单说，欧洲除了希腊语和东欧的西里尔字母以外（俄罗斯一带使用的字母，由希腊语为基础创立出来的，创立者相传是东正教两位传教士兄弟，西里尔和美多德），其他国家全部使用拉丁字母。南北美洲、大洋洲，包括亚洲一些地方也使用拉丁字母，拉丁语的影响遍及大半个地球。眼下全球通用的医疗、动植物等专门名词仍然是拉丁语。其影响甚至涉及中国，汉语虽然使用的是方块字，但当下的汉语拼音使用的却是拉丁字母。

其二，是罗马的立法。从古代的《十二铜表法》、恺撒立法、公元6世纪东罗马帝国的《查士丁尼法》，再到近代的《拿破仑法典》，罗马的立法是西方所有国家的法律基础。而法律又是人类组织能够大规模建立并维持秩序的根本。罗马的法律，其中有两项经典条款一直沿用至今，第一是保护私有财产，第二是法庭辩护对被告有利的前提，也就是先设定被告无罪，直到证明有罪为止。罗马的法学家执行法律是相当严格的。有一个例子说一个皇帝谋害了自己的亲兄弟，让一个著名法学家为他写个状子辩护。这个法学家拒绝了，说："杀死亲兄弟容易，但为此辩护却难。"最后宁肯被杀也不改初衷。德国诗人歌德说，在历史上，罗马的法律就跟潜水的鸭子一样，从来没有溺亡，而是频频露出水面。德国另一个学者说，罗马法复活了三次，第一次，罗马法的建立，实现了罗马帝国的统一；第二次，罗马衰败以后，罗马法实现了教会的统一；第三次，西欧各国，通过修改罗马法，实现了法律的统一。

第三是罗马的建筑理念的推广。如果我们简单把罗马的建筑总结为圆形的穹顶和砖面混凝土也未尝不可，但从大处着眼，罗马的道路建设和排水工程，就算今天看起来也有其先进的地方。在城市规划方面，罗马有建立永久城市的宏观理念。就以法国为例，现在全法国有55个10万人口以上的城市，其中33个就是罗马人建立的。当古罗马鼎盛时期的建筑被摧毁之后，它的建筑理念却一再复活，在哥特建筑来临之前，西欧建筑处于领先地位的是罗马的形制，而且有一个专门的名词，叫罗曼式（英文Romanesque）。中世纪的文艺复兴，从建筑上说，是复兴罗马式的；巴洛克风格发源于罗马，跟古罗马的形制有互通的地方；后来的洛可可，有人干脆把它称作为后巴洛克风格；再后来的新古典主义，其实就是罗马式这棵古老大树上的新的蓓蕾。

那么，罗马这个城市，在帝国鼎盛时期究竟有怎样的规模呢？

根据对古罗马废墟的考古研究，罗马当年的规模无论怎么描述都不夸张。公元4世纪初，官方统计，罗马拥有桥梁8 座，方尖碑6座，大理石凯旋门36座，供水管道19条，公共浴场11个，圆形剧场2个，城门27座，各类殿堂和庙宇1790座，公寓住宅楼46602座，注意，这里指的是大楼，有的高达十层。还有图书馆、货栈、面包房几百个。古罗马的所有浴场，可以容纳62800人同时洗澡；另外有18处市场和公共广场。除了活人，罗马城还有一个不需要吃饭穿衣的人群，那就是雕像，大理石和青铜雕像一共有超过一万个，[1]一般情况下，他们比活人过得要好。曾有人这样写道："四海八方的各种美好的东西都朝你涌来，一年四季各种时令出产、江河湖泊的鱼类和动物、希腊或北方蛮族的手工产品都应有尽有。因此，谁要是想看到所有好东西，他要么非得去周游世界，要么就居住在这座城市里，因为其他各民族的辛劳和成果都摆在眼前，而且极

[1]见《城市发展史——起源、演变和前景》。

其丰富。”[1]

这种论调到现在也大行其道，就是说，人们往往以现有的一切作为依据，盲目地沾沾自喜，接受不了任何批评，以为人做出的东西只要足够庞大，就能够和自然混为一谈，是不可摧毁的。而罗马给了一个否定的回答。

那么，这样一个宏伟的城市，这样伟大的帝国，拥有这么先进的文化理念，怎么能够被摧毁呢？西方一个伟大历史学家这么说过：罗马的兴起和衰败，是历史上最重要的两个问题。在此，我不敢斗胆尝试解决这两个问题，而是从人物入手，观察一下掌握帝国命运的重要人物的内心，也许能起到管中窥豹的作用。

我们如果把普鲁塔克的《恺撒传》仔细读完，除了感慨这个人创下了那么惊人的军事和政治大业之外，其实很难捕捉到他的行为动机。当然，我们有现成的例子，他早年被海盗绑票，自己主动把赎金提高到两倍半，因为这些海盗低估了他的价格，让他感觉受到了侮辱。在被拘留的38天之内，他读书作诗，怡然自得。被赎身之后，他立刻领着人马把海盗抓获，把他们全部钉死在十字架上。从这一点看，恺撒是高贵和有高度自尊心的。另一个例子，他路过埃及看到了亚历山大大帝的雕像，不由得潸然泪下，不是

[1]罗马诗人阿里斯蒂底斯所作《罗马赞》。

因为惋惜那位前辈征服者的早逝，而是哀叹自己已到了亚历山大死时的年龄，还一无所成。由这一点上看，他有成就伟业的追求。但是，除了个人野心，就算把恺撒的道德水平拔高到极致，也无非勉强达到所谓爱国的水平。其实罗马大多统治者的精神核心是希腊斯多葛哲学式的，他们把人、神和自然统一起来，看作是一个整体，并把它具体体现在国家上，这样，帝国的统治就会被合法化界定。从行为方式上看，这一派是基督教清教来临前的清教，自制、顽强、清廉和刻苦。这种精神也是罗马征服和统治世界的不二法门。国家在最危难的时候，也是它最能迸发出力量和勇气的时候。反过来说，当财富这柄双刃剑逐渐腐蚀帝国，罗马人在生理上、道德上、经济上和政治才能上都逐渐衰败，蛮族的入侵不过是外部的推手，加速它的灭亡而已。而灭亡是必然的。

我们再回过头来说恺撒，就算他的道德的最高点达到了爱国的水平，但那是怎样一个国呢？是一小撮人的，还是大众的？当这个国已经被腐蚀得成了一个空壳的时候，这种斯多葛式的道德就没有了立足的基础了，如果硬说有，那就是告诫广大的社会底层保持清贫、安分守己的一派谎言。这个时候，基督教的进入，最后取代了帝国，实在是历史的必然结果。因为基督教带来了博爱、仁慈、严谨、和平这些美德，这些是罗马帝国最欠缺的东西。

前面我们说过，恺撒代表帝国，基督代表宗教，由此，恺撒和基督的正面对抗开始了。恺撒不仅仅是伟大的政治家、军事家，也是拉丁世界著名的作家，他的广为传诵的名言是："我来，我看见，我征服（VENI! VIDI! VICI!）。"读过他的两部著作《高卢战记》和《内战记》后，我们会发现无论怎么赞美他的胸襟和才华，就是无法亲近和爱戴他，他就跟蓝色的火焰一样，发出冰冷的光芒。他没有朋友，没有爱人，他的人际交往全部都是政治关系。就连他的爱将安东尼也非常可疑，恺撒被刺的时候，安东尼就在外面，说是被别人缠住了，无法脱身去保护他，其实有可能安东尼是特意不在场。恺撒死去之后，他的指定接班人屋大维，也就是后来的奥古斯都，亲自下令把恺撒和埃及女王所生的小恺撒杀死。小恺撒还是个少年，而且，还是恺撒的亲骨肉。而奥古斯都是恺撒的侄孙，跟小恺撒是有血缘关系的。

帝国的恺撒们代表了帝国的道德水平，他们高高在上，掌握生杀大权，他们有的具有相当高的文化水平，比如哈德良是全才式的人物，比如马可·奥勒留本人就是哲学家，但他们没有一个人能写出如下令人感动的文字：

我能说万人的方言和天使的话语，却没有爱，我就成了鸣的锣、响的钹一般。我若有先知讲道之能，也明白各样奥秘，各样的知识，而且有全备的信，叫我能移山，却没有爱，我就算不了什么。我若将所有的赒济贫穷，又舍己身叫人焚烧，却没有爱，仍然于我无益。爱是恒久忍耐，又有慈恩。爱是不嫉妒，爱是不自夸，不求自己的益处，爱是永不止息，如今长存的，有信，有望，有爱，这三样，其中最大的是爱。[1]

这话出自使徒保罗之口，他是基督一方的代言人。而基督的主张跟恺撒们的策略正好反过来，以恺撒为首的各位罗马贤王希望以修改制度和法律的方式来改造人群，基督则主张借改造人群的途径来重订制度和减少法律法规。对此，我最为崇敬的美国学者维尔·杜兰特说：

耶稣所追求的改革是最深一层的，若没有这样的改革，一切的改进只是表面的、肤浅的、暂时的，他认为，能洗尽人心中的自私、残酷、贪婪，乌托邦自然就出现，而那些由于人类的贪婪、暴力而必须有的一些制度，及法律存在的需要，自然就消失了。这种革命可以说是所有革命当中最艰深的，其他的革命多是一个阶级逐出另一个阶级的政变，所以，就灵性的观点来看，耶稣可以算是历史上最伟大的革命家。[2]

在此我要强调的是，我并不是在这里进行一番基督教的教义宣讲，而是借着上面两段话来说明基督教为什么能够取代罗马帝国而成为新的文化力量。罗马提供了一切外部的结构支撑，从有形

[1]出自《新约全书·哥林多前书》。
[2]出自《世界文明史：恺撒与基督》。

的到无形的，而基督教完成了一个广阔精神世界的道德的建立，它针对的是人心，它是以爱为核心，以平等为基础，以永生为理想。罗马的文化，从来没有超越政治层面。当政治失败，它的文化也就随之终结。基督教恰恰相反，原初的基督教从来不是政治的，而是关于终极真理的。我们无论怎么质疑这个终极真理，但它确立的上述那些信条不是机会主义和政治正确式的，因此才会被那么多人接受和信仰。

最后，也是那段历史最有意味的，是罗马帝国为基督教的传播提供了一切外部条件。罗马帝国的灭亡，只是它的躯壳，而好多精神要素又借着基督教复活了。比如，为了避免分裂，拉丁教会，也就是天主教采用了罗马式的组织形式，强调权威性，同时也趋向罗马式的伦理观、法律化和实际化，还有把古罗马的服装、器具、祭奠方式等等统统利用了起来。可以这样说，没有罗马，基督教也可能存在下去，但是，绝对不可能发展成像今天这种规模的第一大普世宗教。

成就了基督教和基督教文化，从而改变了世界历史走向，这才是罗马为后人留下的最大遗产。

不规则的珍珠

狭义的巴洛克意味着一种矫饰和夸张的艺术形式，但广义的巴洛克，却是理解现代意大利人谜一样性格形成的关键所在。正如一个意大利学者说的那样，当代的意大利人，或多或少都具有巴洛克式的性格，而无论哪个国家、什么民族，如果人们的心灵足够敏感，在内心深处的某个角落，都有一个小意大利存在。

我建议喜欢艺术的人，一定要去罗马的纳沃纳广场（Piazza Navona）看看。那个广场上有好多街头艺术家在作画和卖画，形成了罗马一个特别的景观。另外，在广场上，有一个方尖碑，下面有代表四条河流的雕像，它们组成了四河喷泉，所以纳沃纳广场又叫四河喷泉广场。这四条河流分别是非洲的尼罗河、亚洲的恒河、欧洲的多瑙河跟美洲的拉普拉塔河。如果你盯着这些雕像仔细观看，会越来越觉得纳闷：它们好似随风飘扬，那些线条没有一笔是直的，而且连绵不绝；那些团块无法用几何图形来归纳，因为下一秒钟它们可能会摆脱你想象的定式，变成另一种形状，就像火焰一样。按照从古希腊古罗马以至文艺复兴的经典原则，你无法界定这种艺术的轴心线、比例和关系，因为一切都在变幻当中。你再看看旁边的圣阿涅斯教堂（Sant Agnese in Agone）的外貌，那些曲线、凸凹的设置和柱子，它们随着光和影的变化而产生的动态效果更无从把握。

教科书和艺术史会告诉我们，我们正在面对的是巴洛克艺术形式，17世纪发源于罗马。那么什么是巴洛克？这个词如何解释？这种艺术形式根植于怎样的历史和社会思潮的巨大转变中？为什么会在罗马出现？

书本或者音像制品的解说，也许会告诉我们"巴洛克"原本指的是一种不规则的珍珠以及那个时代几个大师的名字，比如贝尔尼尼、波罗米尼、维瓦尔第和巴赫等人，再就是艺术的个案分析。然而，巴洛克远比这些要复杂得多。狭义的巴洛克意味着一种矫饰和夸张的艺术形式，但广义的巴洛克，却是理解现代意大利人谜一样性格形成的关键所在。正如一个意大利学者说的那样，当代的意大利人，或多或少都具有巴洛克式的性格，而无论哪个国家、什么民族，如果人们的心灵足够敏感，在内心深处的某个角落，都有一个小意大利存在。

哪怕有人对艺术没有兴趣，但宽泛地解读巴洛克，从某种意义上说，就是解读我们自己。这最后一点，足够引起我们的兴趣了吧。

意大利是个奇特的地方，在罗马帝国时代是个省份。在公元476年，罗马帝国在西部败亡之后，意大利名义上又被东罗马的拜占庭帝国，日耳曼蛮族的哥特人、伦巴第人、法兰克人统治过，但直到1870年代的意大利王国之前，从来没真正统一过。所以，严格意义上说，不算罗马帝国。意大利半岛长达14个世纪不是一个国家，甚至都不是一个民族，只是操共同语言而已。8世纪晚期，当同属日耳曼人的法兰克人赶走伦巴第人，把4万多平方公里土地转给天主教会的时候，随着教皇国的产生，意大利逐渐形成了五大政治势力，有北部的米兰公国、威尼斯共和国、中部的佛罗伦萨共和国、教皇国、南部的那不勒斯王国，还有其他一些小的自治领地，比如西西里王国、比萨、锡耶纳、卢卡、费拉拉等。不夸张地说，那时的意大利，一个3万人口的镇子有可能就是一个自治政权，两条街道联合起来就想表达独立的野心。

从历史进程上看，这种割据形势，跟西班牙、法国这些逐渐走向统一的民族国家相比，显得停滞不前。从政治上看，上述5个所谓主权国家没有一个拥有足够的力量跟欧洲列强抗衡，同时，因为各自的利益诉求不同，联合起来又困难重重。当然，假如意大利半岛跟瑞士所在的阿尔卑斯山区一样贫穷，民风又极为彪悍，那就不值得去招惹。但恰恰相反，意大利的物产和文化那么丰富，其生活方式那么新潮诱人，人民又那么灵秀，简直就像在野蛮人面前一个美丽动人的老师一样，她教给人的任何事物，都不如她自身那样具有诱惑力，再加上教皇权和欧洲世俗权力上千年的矛盾，厄运一定会降临的。

以下有一个标志着意大利历史转折的事件。

公元1494年，米兰公国的使者出访法国，代表米兰公爵路德维科·史福扎（又称摩尔人）向法王查理八世表示，如果法国军队出兵那不勒斯王国的话，米兰会提供一定的资金赞助，而且在过境时一路放行。为什么会这样？因为米兰跟那不勒斯有过节。那个时代，意大利半岛的五大势力之间似乎都有过节，但说不上是仇恨，它们之间一会儿连横，一会儿合纵，其热闹程度就跟中国东汉末年的十八路诸侯一个样，只是东汉时代属于窝里斗，没有外部强权干预。再回过头来说，法王查理八世连长相带头脑，都是个白痴式的人物，他要稍有脑筋，对米兰的提议连想都不会想。让我们设想一下，法王带着孤军翻越阿尔卑斯山口，纵向穿过亚平宁半岛，去攻打南部的那不勒斯，他的去路和回路之间，有一个公国强横，挡住他的去路，再有人断他的后路，法国再强盛也鞭长莫及，因为意大利可是处处天险。但这一次，上帝似乎特别眷顾白痴，查理八世希望南下，占据那不勒斯港口，再联合欧洲其他天主教国家，从那里运兵去东方，收复圣地，他就可以永垂不朽了。或者他只是想

守卫梵蒂冈的瑞士雇佣军

到意大利太诱人，他又大权在握，为什么不去走一趟？我们或许对白痴的想法向来缺乏系统了解，但这不重要，要命的是他领着军队顺利翻越阿尔卑斯山，一路畅通无阻。其实在他开始行动的时候，意大利各大势力就已经感到法国的威胁，甚至连米兰都后悔了，他们相互之间派代表，谈判、拥抱、发誓、宴请、达成口头协议，然后无限期拖延下去。查理八世的军队过托斯卡纳，佛罗伦萨人把要塞的钥匙拱手相让，再无奈掏出被勒索的财物；教皇国也是一样，最后，还是那不勒斯人技高一筹，他们认为，既然打不过法国人，不如腐蚀他们。他们为法国军队提供美酒佳肴，举办狂欢活动。据说那不勒斯人最喜欢做的事情，就是推翻现有政权，不管是什么样的政权。最关键的是，那不勒斯人为法国军队提供南方黑头发黑眼睛、热情无比的美女。长远看，这最后一点一定是个甜蜜的阴谋，因为几个月之后法国军队士兵大批染上梅毒，陆续死了好多人。

意大利人在法国人横行了12个月之后，终于组成了联军，要在法国军队回家的路上，给予致命一击。意大利联军的总指挥是号称第一猛将的费拉拉公爵贡查加，本来他的军队人数占优，又同仇敌忾，如果正面拦截法军，也会大胜，但一定避免不了大规模流血牺牲。因为法军没有退路，一定会苦战，再加上法军的第二梯队是瑞士雇佣军，这帮持长矛的家伙是欧洲任何人都害怕的。所以贡查加制定了一个微妙的计划，在河流的下游伏击，先是派先头部队骚扰，然后主力在两个地点渡河把法军隔断，分头歼灭。这计划完美无缺，但是决战那天天公不作美，大雨不断，河水暴涨，这是意大利夏天很少出现的情况。结果贡查加的重装甲骑兵渡河时淹死不少，勉强渡过去的官兵又缺乏预备队增援，而贡查加本人亲自参战，使本来就是临时拼凑的队伍群龙无首。结果，这场战役变得既荒唐又血腥，而法军主力没有得到重创，安然逃回本土收场。史家记载，渡河的意大利军队像被河流斩断的蚯蚓一样各自为战，他们高呼着"Italia! Italia!（意大利！意大利！）"冲向敌阵，虽然英勇无比，但只持续了15分钟，剩下有半个小时，是被法军追杀的阶段。法军逃跑后，战场上留下了4000多具尸体，有三分之二是意大利人的。

对这次战役，一个意大利现代学者评价道，它非常像中国的鸦片战争，从那以后，欧洲所有大的政治势力都侵扰过意大利，以1527年西班牙国王查理五世带着新教联军血洗罗马为高潮。接下来，教皇给查理五世加冕为意大利国王，意大利由此，彻底丧失了他们300年来本来就脆弱的自由，在西班牙和教皇权力的双重重压下苟且为生。

历史是不能假设的，但我在此姑且为你假设一次。假如意大利人够团结，在查理八世到来时就迎头阻击，假如法军在穿越亚平宁山脉时不断遭到伏击，假如贡查加带领士气高昂的军队跟法军正面作战，假如决战那天不是下大雨，或者假如贡查加不是加入混战，而是居高临下冷静指挥的话……上述任何一个假如成立，意大利人不仅仅会获得一次反侵略战役的胜利，他们也由此一定会懂得，团结和同仇敌忾才是民族的生存之路，往下也许就不会遭受那么多的苦难和折磨了，这种民族灾难一直延续到二次世界大战结束。

45分钟或许可以决定一个民族的命运，但它的后果是不可能一下子显现出来的，这需要半个世纪，也许更久。表面上看，从1494年法王的入侵，到西班牙国王查理五世被封为意大利国王的35年期间，恰恰是文艺复兴运动在意大利发展得如火如荼的阶段。但因为种种原因，文艺复兴对意大利的影响，甚至不如对欧洲其他国家的影响来得那么彻底。老师教育了别人，而最终被迫向霸道的学生们俯首帖耳。如果不情愿这样低三下四该怎么办？聪明的意大利人发明了一种逃避的处世哲学、一种只追求效果的生活态度、一种复杂透顶又缺乏人气儿的艺术形式。人们把这叫作巴洛克。

巴洛克是一个生造的词，它有三层意思，葡萄牙语Barroco，指的是一种不规则的珍珠；中世纪拉丁语Baroco，指的是逻辑上的三段论其中一种推导方式；意大利语Barocco，指的是一种有些暧昧不明的交易。实事求是地说，除了不规则的珍珠作为具象化的依据，各路学者能把意大利那一时期的艺术说破天之外，其他两层意思，没人能说得清楚，就连意大利人也含糊其辞。因为没有人愿意把自己的生存说成是没有原则、随着世事变化而不断改变的骑墙状态，谁也不想说自己是逃避现实的。

我在本章开始的时候，把巴洛克艺术比作火焰的上半段，往下探讨了这个火焰生成的历史原因。那么什么是这个火焰底部的构成部分呢？我认为，两大权势，即西班牙的专制和天主教的精神独揽是首位的，同时还有天主教廷的反宗教改革，各大封建势力的寡头统治，以及普通百姓的随波逐流。西班牙式的历史精神，历来反动，即便今天，意大利南部受西班牙影响深远的地方，依然以游手好闲为贵族标志；天主教廷反宗教改革的结果，就是向内的稍事收敛，当时有人告诫那些腐败的教士说：即便不能做到清廉，至少也得谨慎从事。同时，就是大肆修建和装饰宗教场所，以此强调上帝代言人的权威性，这其中以梵蒂冈的圣彼得教堂为最高峰。还有一点值得留意，在重整天主教权威的时候，天主教的耶稣会功不可没。事实上，罗马的第一座巴洛克建筑，就是耶稣会教堂。而耶稣会在兴办教育方面也成绩斐然，他们培养了一大批了不起的学者，最著名的是法国的思想家和作家伏尔泰。他后来成为反宗教蒙昧的伟大旗手，这真是对天主教乃至耶稣会的巨大讽刺。

巴洛克是皇家和教廷艺术，这艺术中的一切都庞大、华丽、炫目、飞扬和奢靡，其目的是制造一种如梦似幻的舞台效果，他们也确实做到了。这些艺术家，例如贝尼尼等人，都是伟大的天才，但是，除了官家认可的艺术之外，他们找不到投身其中的其他途径，比如政治、军事和思想。社会方面，既然民族的权利被剥夺，人们要么投靠外国人，要么仇视一切外部势力，就像中国的义和团。他们依据官方样本，创建出了一种新颖的生活方式，那些华丽的音乐、绘画、雕塑、服饰、家具、装修和讲究的宴席，漂亮的仪表和对谈情说爱的热衷，衍生出无穷无尽的浪漫故事，他们兴高采烈地应付一切，但实际上是为了掩盖内心深处莫名的悲哀。具有讽刺意义的是，意大利以罗马为中心，以巴洛克为形式，重新又变成了欧洲的老师。从奥地利的宫廷到巴黎的凡尔赛，人们争相效仿巴洛克艺术，意大利，又一次站到了时代的最前列，风光无限，但普通百姓过的生活却暗淡无光。

对那个时代最好的总结有如下两点。现代意大利学者克罗齐说：在巴洛克之前和之后，意大利出现过圣人和殉道者，而在巴洛克的300年中，一个也没有出现。巴洛克时代的一个学者回答如下：要尽量做到和多数人一样说话，和少数人一样思考。[1]

当代的意大利，实际上仍然处在巴洛克时代。

巴洛克是寥寥几千字说不清楚的，与其抽象地说，不如具体地看。那么，下一章，我们就去看看巴洛克的代表作——梵蒂冈的圣彼得大教堂。

---

[1]《意大利人》（意）路易吉·巴尔齐尼 著

圣彼得教堂和渔人戒指

参观圣彼得教堂，本身就像一种探险。

在罗马的台伯河北岸，有一个小山冈叫梵蒂冈，那里有一个世界上最大的天主教堂——圣彼得大教堂。在圣彼得教堂外围的广场边儿上，你会看到地面画的白线，好多游客站在那条白线上照相。这其实是意大利和另一个国家，梵蒂冈城国的国界。

梵蒂冈是世界上拥有最大权力的最小主权国家，它只有0.44平方公里，900多有国籍的人口，但为什么又说它拥有最大的权力？天主教会到底和基督教有什么关联？圣彼得大教堂的前世今生是怎样的？还有，圣彼得广场、圣彼得大教堂的结构和内外装饰的寓意是什么？最后，我为什么管这一切叫“渔人戒指”？

如果有人看过美国电影《天使与魔鬼》，就会留意到，影片的开始，现任教皇过世，代表他权力的黄金戒指被销毁。而新的教皇上任，要铸造新的戒指。这戒指，就是所谓渔人戒指，用以封印教皇签署的官方文件。渔人就是捕鱼之人，这喻示了教会俘获人心就像捕鱼一样。

在梵蒂冈圣彼得教堂外矗立着两个圣徒雕像，手持宝剑的是圣保罗，手持两把钥匙的是圣彼得。圣彼得在追随耶稣传播福音之前，是一个渔夫。而耶稣授予他两把天堂的钥匙，赐予他名字叫彼得，彼得也是磐石的意思，嘱咐他建立基督教会。因此他也被追认为天主教第一任教皇。耶稣受难之后，使徒们四处传教，分别建立了安提阿、亚历山大、耶路撒冷和罗马等教会，其中以罗马教会最为活跃。公元67年，基督教两个最重要人物，圣彼得和圣保罗先后在罗马殉难，各地教会自然公认罗马的基督教会处于领导地位。公元313年，罗马帝国的君士坦丁皇帝颁布《米兰敕令》，基督教随即发展得非常迅猛，成了罗马帝国后期的国教，罗马教会自然想成为基督教的龙头老大。在跟东方君士坦丁堡（也就是现在的伊斯坦布尔）的基督教派的分歧中，矛盾无法化解，终于在公元11世纪，两个教派彻底分裂。地处东方的自认为是正教，翻译过来叫东正教；西方在罗马的教会组织认为只有自己代表普世的基督教，因此叫罗马公教，这里公共的“公”字，代表“普世”和“正宗”，我们通常的翻译叫天主教。

我们在上一章提过，有长达14个世纪，意大利半岛都不是一个国家，而是被五大各自为政的政治势力分别掌控。在公元8世纪晚期，被称作“矮子丕平”的法兰克首领，把4万多平方公里的土地，从伦巴第人手中夺回，转给了天主教会。由此，天主教廷实际上已经是一个国家，在封建割据的意大利半岛上，领土面积仅次于那不勒斯王国，排在第二位。教皇国的首都在罗马，其核心建筑就在叫作梵蒂冈的小山冈上，直到19世纪70年代。

当1870年，意大利统一、教皇国灭亡之时，天主教廷已被意大利王国封锁在梵蒂冈达半个多世纪。1929年2月11日，当时的意大利政府和天主教廷签署了《拉特兰条约》，意大利承认了梵蒂冈的主权地位。到今天，梵蒂冈虽然如此之小，但对全球接近10亿人口的天主教国家和地区，仍然具有相当大的影响力和宗教人士的任免权力。

说完梵蒂冈的来历，下面让我们围绕着圣彼得大教堂，讲述一系列历史故事。由此我们会明白，这个教堂跟有机体一样，有自己独立的时间和空间，它诞生的背景和成长过程也极为复杂。

今天，如果从台伯河边上的和解大道起始处走向圣彼得教堂，无论是慢慢升起的缓坡、道路两侧稍显华丽的路灯，还是路的尽头越来越巍峨的大教堂，都会使人感觉到自己在步入朝圣的道路，不管信不信仰天主教。这真是一个硕大而巧妙的舞台设计，就像一句话说的那样：你身在其中，不是被说服，而是浑然忘我。

圣彼得教堂建于1506年到1626年之间，但这120年只是它的建筑主体完工的时间，外面的圆形广场和教堂里面的装饰花费的时间还要再加60年。其实现在的圣彼得教堂的前身，是起建于公元4世纪的同名教堂，据说是建在圣彼得的墓穴上，并没有这么巍峨和堂皇。而从那时直到新的教堂落成之前，教皇座堂是拉特兰圣约翰教堂，梵蒂冈也不是教廷的中心。那么，为什么要花这么长时间和财力去建新教堂呢？旧教堂的衰败只是一方面，更重要的原因相当繁复，例如历任教皇的个人意志、各个主要建筑师的才情，还有历史、政治和经济上的考虑。

15世纪中期，圣彼得旧教堂的地基出现问题，当时的教皇就下令进行了小修小补的加固工程。16世纪初，新上任的教皇尤里乌斯二世，把米开朗琪罗召集来规划他的陵墓建造，打算放在离斗兽场不远的圣彼得锁链教堂里。尤里乌斯当时60多岁，脾气火暴，意志强悍，是教廷历史上著名的战士教皇。而米开朗琪罗虽然30岁出头，但已经制作了《圣殇》和《大卫》两个不朽的雕像，成为了大师级的人物。这两个人的野心和设计加在一起，使仅仅停留在纸面的陵墓计划显得过于庞大，圣彼得锁链教堂根本放不下。于是教皇就想到了规模更大的圣彼得旧教堂，而且，如果能够跟圣彼得的遗骨葬在一起，这本身就意味着不朽。但旧教堂本身有问题怎么办？尤里乌斯二世下令拆除一部分旧教堂，进行改建，并聘请来了也是大师级的建筑家、艺术家布拉曼特负责旧教堂的改建。陵墓的事儿彻底放下了，但这遭到了信心满满的米开朗琪罗的不满，又因为索要营造陵墓的材料款吃了教皇的闭门羹，他干脆逃回佛罗伦萨。后来他又被召回，绘制西斯廷小教堂的天花板，这是下一章的内容，按下不表。

关于旧教堂，设计师布拉曼特除了画出一个跟现在大教堂没多少关系的草图之外，似乎跟尤里乌斯一样没有准主意，16世纪前期，圣彼得旧教堂被拆除了大半，地下挖了一个大坑，立了几根柱子之后，尤里乌斯二世和布拉曼特都去世了，继任教皇是来自佛罗伦萨美第奇家族的列奥十世。[1]

列奥十世生于富豪之家，善于挥霍钱财。虽然据说他品行端正、乐观和蔼，而且富有教养，但是，比起做教皇，要肩负宗教和政治使命，他更适合做一个大型艺术博览会的主持人。他著名的口号是：让我们来享受教皇制吧！说实话，如果他不是把前人留下的大坑继续发扬光大，使它变成一个无底洞的话，列奥十世在历史上也不过是列在200多教皇当中的一个名字而已。但因为圣彼得教堂这个大坑，他不朽了。这是为什么呢？

列奥十世的不朽，起因是他在天主教辖区各地发行赎罪券，用于筹建圣彼得大教堂。当时的德意志地区处于分裂状态。列奥十世的代理人，一名叫台彻尔的修道士，把赎罪券说成是天国的

[1]顺便解释一下，教皇都有俗家名字，那么他们的封号是怎么来的？教皇的封号基本都是根据早期使徒和著名圣人的名字起的，以表示继承和效仿。如果名字重复，就加以编号。

有价债券，买了它可赦免罪恶。要命的是因为他的贩卖区域扩得太广，距离另一个诸侯国萨克森边界太近，有些萨克森的民众越界去买赎罪券。为了确定这东西功效，有人找到了一个小城维滕堡的天主教牧师，一个有学问的大学教授来鉴定。这牧师恰好又是正直到有些偏执、意志如钢似铁的马丁·路德。他告诉民众这东西没用。估计有人听罢马丁·路德的话，就要求退货。这话传到台彻尔那里，他当然恼羞成怒，公开指责马丁·路德亵渎神灵。马丁·路德被迫反抗，写了质疑赎罪券的《九十五条纲要》，贴在了维滕堡教堂前的公告栏上。由此引发了脱离天主教的宗教改革运动，这个运动席卷了整个欧洲，影响了世界历史进程。这个运动也使天主教在历史上面临最大的危机。所以应该说，牵扯到这件事儿的所有人，教皇列奥十世、台彻尔、马丁·路德全体不朽了，而起因就是圣彼得教堂的兴建。

我曾经看过不下五种圣彼得教堂的平面设计图。在图纸上，它一会儿是希腊十字形，一会儿是拉丁十字形。从尤里乌斯二世开始，大教堂先后历经了17位教皇之手，前面提到的两教皇，不过是这一系列火炬手的前两位。参与设计建造和装饰的总设计师，从最开始的布拉曼特到最后的贝尼尼，一共有8位，其中最著名的莫过于拉斐尔、米开朗琪罗和最后这位贝尼尼。至于有多少工匠参与了圣彼得教堂的修建？天可怜见，他们就跟泥灰里的沙子一样多，一样必要，也跟沙子一样不被历史记住。

一般来说，贝尼尼的影响被过于夸大了，其实他在接手这个工程的时候，圣彼得教堂的主体已经建好了12年。他的主要贡献，是环形柱廊组成的圣彼得广场和教堂内部的巴洛克装饰。光是这两项，就花费了他几乎一生的时间，而且他相当长寿。

圣彼得广场是个伟大的创造，它是在最小的国家里营造出最大的露天公共空间的奇迹。当你走进广场，感觉是被两只巨大手臂环抱住了。284根巨型石柱支撑的回廊，因为上面有144个各具形态的圣人雕像而并没有显得过于沉重。这些雕像最大的特点，也是我在上一章说到的，具有飘忽不定的属性，这一点是在雕像的身体形态和衣服皱褶的起伏中营造出来的。贝尼尼如果活在今天，也许会成为最好的时装设计师。这个广场回廊的实用功能也不言而喻，可以分流游客，也能供他们休息和遮风挡雨。回廊尽头紧接着一个梯形设计，渐渐收窄，像水坝，走上台阶时，好像被吸进了大教堂内部。

第一眼看到圣彼得大教堂内部，真的会瞠目结舌。那么多大理石雕塑、墓碑、装饰和绘画，如果想一一说明白得需要一部500页大书。但是，我们可以用几个关键点来化解这种繁复感觉。第一，教堂内部的巨大空间不是因为空旷和高耸体现出来的，而是恰恰相反，贝尼尼往里塞了一些东西而起到了非凡的提示和参照作用。例如祭坛前的四个螺旋柱子撑起的华盖，它的背后，是以圣彼得座椅为核心组成的装饰性雕塑。这个座椅实际上盛放在一个盒子里，周边装饰金黄色、放射性线条，悬空挂在祭坛后面的墙壁上，那上面是一个彩色玻璃画出的鸽子图形，喻示着三位一体中的圣灵。这玻璃其实是个窗户，直接从外部采光。如果光照合适，比如黄昏时分，整个组雕简直就跟落日一样，显得金碧辉煌。我前面就说过，巴洛克时代的艺术家，都是利用光影方面的大师。如果把前面的华盖比作取景器，那么圣彼得座椅和上面的鸽子就是这个教堂的焦点所在。通过这两项象征式的实物，圣彼得教堂内部的基调被固定了下来。

在圣彼得大教堂的参观过程中，下一个引人注目的便是被柔化的彩色大理石。英国一个教会史专家说，大理石与其说是石头，不如说更像某种食物，它被打磨得光滑，又依照巴洛克的原则摒弃所有棱角，再加上彩色，体现出了十足的肉感气氛。最夸张的是在祭坛左侧的一个用紫色大理石做出的卷帘，尽管有喻示时间的沙漏，有打算从卷帘中挣脱出来的骷髅，有跪着的某任教皇的雕像，还有旁边陪衬的别的雕像，这个大理石卷帘给人最大的视觉冲击是让人觉得天主教是神奇的，从天上到人间能把所有想象的事物变成可能。同时让人摸摸衣襟，再仰头四处张望，渐渐感觉自己的渺小，而且越来越小。

如果爬到那个大圆顶之上，极目瞭望，会看到罗马的景致开阔壮丽，从古罗马的建筑到脚下的教堂和面前的广场，历史呈现出一种排除个人的连续性，人不过是这股洪流裹挟下的泥沙而已，圣彼得教堂给人就是这样一种感觉。其实天主教廷筹建这么大规模的教堂，其目的就是要告诉人们：这股洪流由冥冥之中一只巨手掌控着，他的名字叫上帝，他在人间正牌的代理机构，就是教廷。它的权威性的直接表达，小的是教皇戴的渔人戒指，大的是圣彼得广场和圣彼得教堂，它们组合起来的形状，也像一个渔人戒指，但只有上帝才适合佩戴这枚戒指。

关于圣彼得教堂，我没提到的太多了，比如地下的墓穴，教堂入口处不远的圣母抱着耶稣遗体，叫作《圣殇》的雕塑，比如好多绘画和马赛克镶嵌画等等，我把这些留给读者自己慢慢探索。对于圣彼得教堂的参观，本身就像一种探险。最后我想提示的是，无论什么东西，如果过于庞大和自我满足，人就会失去了和它对话的心理机制。比如月球，人到了上面，只是想告诉别人他上去过而已。下一章，我们不妨转到圣彼得广场后面的西斯廷小教堂里，大师米开朗琪罗在那里把基督教关于世界起源和末日的情景都画了出来，而且，绝没有圣彼得教堂那么夸张。

教皇的天花板

如果说上帝创造了人间万物，那么，在西斯廷小教堂的天花板上，米开朗琪罗创造了上帝的形象。

米开朗琪罗在意大利的名气太大了，以至于那些图省事儿的旅游从业者，往往拿他来搪塞一切，这在过去和今天都一样。1867年，美国作家马克·吐温在意大利旅游，就抱怨过今天好多游客都觉得不满的事情。他说，无论到哪儿，导游都在炫耀这位伟大艺术家的作品。“在热那亚，米大师设计了一切；在米兰，他，或者他的学生设计了一切；他规划科莫湖；在帕多瓦、维罗纳、威尼斯、博洛尼亚，我们除了听到米开朗琪罗，还曾听说过谁呢？在佛罗伦萨，他绘制了一切，设计了一切。”最后，最擅长讽刺挖苦的马克·吐温说：“昨天，听说米大师已经去世，我觉得由衷地欣慰，心中充满幸福与安宁。”

这一章，我也不揣冒昧地说说米开朗琪罗，还有他在西斯廷教堂棚顶画的巨幅壁画《创世纪》。由此，我们也许就会明白，作为绘画高峰的湿壁画是怎么画出来的，为什么它们能历久不衰；文艺复兴三大师是如何擦肩而过的，米开朗琪罗在生活中是怎样一个人；他真的像好多书中介绍的那样，一个人仰卧在脚手架上，花了4年多画出了这个不朽之作的吗？

令我感到安慰的是，马克·吐温已经去世了，我无论怎么说，他也听不到，所有也不会讽刺挖苦了。

梵蒂冈博物馆的入口，在梵蒂冈围墙一侧，这是欧洲艺术品典藏最精的三大博物馆之一，另外两个是巴黎的卢浮宫和佛罗伦萨的乌菲兹博物馆。因为一天有将近2万人次进入参观，馆内空间有限，客流量受严格控制，所以人们在外面排着长长的队伍，有时排队的人能绕这个小国家半圈。好歹进到里面，有两个厅室是绝对不能错过的，一个是拉斐尔室，一个就是西斯廷小教堂。

在西斯廷小教堂里，有两幅大型壁画，都是米开朗琪罗主持设计绘制的，一个是在出口处一侧的墙面上，叫《末日审判》，另一个就是天顶画《创世纪》。人们在那里或站或坐，半张着嘴，除了呼吸，不出声响。在《末日审判》的壁画前，一个梵蒂冈警察成了护卫天使，他不时高声提醒游客：No picture! No picture（不许拍照)!

西斯廷小教堂在圣彼得教堂后面，建成于1480年，与其说它是个教堂，不如说更像堡垒。它的基座墙壁厚达3米，从地面到棚顶19.5米，窗户全部开在接近棚顶的地方，是供教皇礼拜团每隔两三个星期聚会举行弥撒的场所。另外，当选举新教皇时，红衣主教团会在那里举行秘密会议。可以说，西斯廷小教堂是梵蒂冈的心脏。当它建成不久，一帮前辈艺术家就被召唤来绘制了墙壁上的绘画，而天棚按当时教皇的嘱托，被画成了星空的模样。当教皇尤里乌斯二世上任时，西斯廷教堂因为地基下面的土质太软，出现了问题，墙壁把棚顶拉开了缝隙，上面画的星空剥落了一部分，急需修缮。

上一章我们说过，米开朗琪罗跟教皇因为陵墓修建中断而发生矛盾，米大师跟教皇一样是犟脾气，一气之下逃回家乡佛罗伦萨，教皇几次派人催促他回到罗马，都被他拒绝。最后，佛罗伦萨的统治者害怕因为米开朗琪罗一人引起教皇起兵征讨，力劝米大师回去，在得到人身安全不会有问题的保证之后，米开朗琪罗去往博洛尼亚会见了正在那里征讨反抗者的教皇。两个人彼此都让了一步，达成和解。米开朗琪罗仍然对陵墓的修建充满期望，根据设计，那上面有好几十个雕塑，作为一个雕塑家，这是他施展才华的最佳机会。但是，1508年，他却被教皇委托，重新绘制西斯廷教堂的天花板。这是米大师最不愿做的事情。他更钟情于雕塑，绘画作品很少，而且他对湿壁画的制作几乎没有经验。他认为，这是他的竞争对手为了打击他，特意向教皇推荐他，给他下的圈套。但是，那个战士教皇没耐性听米开朗琪罗的推脱，事情就这样定了下来，他别无选择。当然，他需要工作，需要钱，他家乡有老父亲和一干兄弟要靠他供养，而且这帮家伙麻烦不断。

壁画分干和湿两种画法，湿壁画是在尚未风干的特殊泥灰上作画，等泥灰干透，颜料就被吸收，可以长久抵御岁月侵蚀而不褪色。而干壁画是另一码事儿。艺术史中壁画失败最著名的例子，是达·芬奇在米兰一家修道院食堂的墙壁上画的《最后的晚餐》，因为尝试新的颜料不得法，而达·芬奇又是出了名的慢工匠，没法于限定时间在湿泥灰上作画，结果那幅壁画在画成不久就大面积脱落。今天，我们看到的《最后的晚餐》，有三分之二是后人修补的，跟原作相去甚远，这是艺术史上的一大憾事。而天棚顶上的湿壁画又难上加难，受观赏的限制，天顶人物画必须以后退的透视效果显现，也就是让人物的下肢位于前景，头部位于后景，这样使参观者仰望时，感觉人物像悬在空中。这种技法叫作前缩法，又被称作仰角透视法。米大师早年经受过一定训练和熏陶，但总的来说，他的实际操作经验几乎等于零。

但是，工程已经开始了。

首先，雇来的帮工在离棚顶2米左右做一个悬臂式脚手架，但跨度只是教堂的一半，下面有篷布兜着。1508年初夏，第一拨工匠

米开朗琪罗《圣殇》

被雇佣来搭脚手架，把棚顶的星空图打下，把表面做出毛糙状，以便往上涂第一层泥灰。这期间，米大师的角色一分为二，一方面他要监督工程的进展程度，一方面，他得为棚顶1080平方米的面积绘制草图。他的第一个角色就是一个包工头，而他的形象、个性和生活做派也非常吻合。他的身材矮胖、鼻子扁平、脾气暴躁，而且在生活中邋遢得一塌糊涂。据他雇佣的帮手回忆，他吃饭往往是一块面包就着葡萄酒，有时一边作画，一边啃面包皮。他睡觉经常穿着好久没脱下的衣服和靴子，有时靴子穿得太久，脱下来的时候，脚上的皮肤跟蛇蜕皮一样掉下来一大片。而他的第二个角色更像一个绘制秘密图纸的间谍，他的草图除了最信任的帮手，是绝对不能让人看到的，怕别人模仿。

湿壁画的画法，是把确定的小草图，转描到跟要往墙上画的同等大小的定稿上。当抹上的第一层泥灰干了以后，工匠们再在那上面抹上特殊材料合成的泥灰，大概要抹1.2厘米厚。最后这层泥灰实际上就是熟石灰兑沙子和水搅拌的，抹到墙上，保湿的时间只有12到24个小时，时间长短依天气情况而定。如果泥灰干透了，就不会吸收颜料，再画上去的话，就不是湿壁画了。在这层泥灰没干透的情况下，画家把定稿用钉子固定在上面，把稿子上的轮廓转描在泥灰上。其中采用两种方法，第一种，大轮廓用刻痕法，即照着大图在泥灰上刻上痕迹；另一种是针对脸部等细节的，使用针刺法，就是在稿子上用针刺出成百上千的小孔，然后把炭粉通过这些小孔拍到泥灰上，留下一溜黑色痕迹。然后，把图纸取下，根据刻痕和针刺拍炭粉的印记开始上颜色。因为泥灰干得快，而前期工作又得非常细心费时，所以，每次只能在墙上抹上够一天工作量的泥灰，多了也没用。这种绘画最大的挑战是，在有限时间内，涂上的颜色无法修改，如果画错了，或者不如意，唯一的办法是等泥灰干透之后，把它整个敲下来从新再上泥灰，再重复上述的工序。而木板和布面油画就没这么麻烦，画家可以涂上多层颜色，直到满意为止。

当工人们在重整西斯廷教堂天花板的时候，米开朗琪罗用了4个月的时间绘制草图。《创世纪》是《圣经》里的旧约故事，但除了他的艺术功力之外，我们不要过于高估他的神学水平。对他构图背后的神学方面的支持，天主教廷的智囊团一定提供了不少参考意见，其中也包括教皇的旨意。当然，米大师是个虔诚的教徒，具有明显的禁欲倾向，这是他的绘画雕塑呈现出壮美缺乏世俗气息的内在原因。

整个构图完成时，里面涵盖150多个独立的绘画单元，包括了300多个人物。到那时为止艺术史上最大的壁画之一即将开始动工。

1508年10月，米开朗琪罗选择的不是教堂入门的上方，而是稍稍往里的一幅画作为开始，那是关于旧约传说中的大洪水的故事。他选择这个不是最重要的题材作为开始，一定是因为手法生疏，要先练练手的缘故。

每天早晨，米开朗琪罗和助手群们通过梯子爬到脚手架上，助手们把生石灰泡水熟化，再掺上一定比例的沙子，用镘刀抹到指定的作画区域，然后把表面擦拭平整。这里需要对所有前人讹传的地方做一更正：抹熟石灰和上颜料都不可能是躺着的，2米的距离完全可以站直，仰头举手工作即可。躺着作画既不可思议，也不符合事实。更何况，前期的工人们怎么可能躺着把1080平方米的天棚旧画打掉？

整个《大洪水》[1]组画花了29个工作日，进度相当缓慢，而且米开朗琪罗对许多画面不满意，又因为刚完成的画面出现了大面积结晶盐粒，结果一个多月的辛苦得来的画面必须大面积打掉重做。这使得整个工作团队都感觉非常沮丧。米开朗琪罗由此丧失了信心，他跟教皇抱怨说自己不能胜任这一工作。教皇把他最好的朋友桑加洛派去，帮他解决了若干技术问题，天棚画这才往下进行了下去。

就在米开朗琪罗和他的团队跟西斯廷小教堂天棚苦苦拼搏的时候，拉斐尔，一个年轻艺术奇才受聘来到附近，替教皇的私

---

[1]挪亚方舟和《大洪水》的故事人尽皆知，上帝不满人们作恶多端，决定摧毁人类，只留下挪亚一家“正义、完美之人”，于是叮嘱挪亚造大船，使全家人和各类动物雌雄各一对躲到船里，然后降下40昼夜的大雨不断，大地被洪水覆盖。

人藏书室绘制湿壁画。拉斐尔出生于乌尔比诺地区，距离佛罗伦萨180公里。学艺期间，他到过佛罗伦萨，仔细研究过米开朗琪罗和达·芬奇的壁画草图，深深为达·芬奇的构图和人物所折服，这在他后来创作中起到了关键性作用。拉斐尔创作的最著名的壁画《雅典学院》里，焦点人物之一，古希腊哲学家柏拉图，就是以达·芬奇的老年形象为依据的。而拉斐尔不喜欢米开朗琪罗，既不喜欢他的人，也不喜欢他的艺术。米大师的画风粗犷、人物充满力量又痛苦纠结，这不符合拉斐尔这个英俊小生优雅的生活态度。据说一次拉斐尔带领众多追随者，在圣彼得广场上跟米开朗琪罗相遇，他们之间打招呼就跟互相侮辱一样。米大师说："你跟着一帮跟班，就跟流氓头子一样。"拉斐尔回敬道："你独自一人，像个刽子手。"

长话短说，两年多的时间过去了，西斯廷小教堂天棚画终于画好了一半，脚手架和篷布都要拆下，要搭到另一半上，这一天，教皇和一众红衣主教来到教堂，人们对揭开的新画作惊叹不已。这其中就有拉斐尔，他太喜欢这半幅组画了，甚至通过关系疏通教皇，希望接替米开朗琪罗画另一半。他的要求当然遭到了拒绝。随后，为了表示尊敬，他在那幅《雅典学园》的前景，填了一个埋头思索的希腊哲学家，据说就是按照米开朗琪罗的形象画的，以示致敬。

但在人们看到的辉煌的背后，米开朗琪罗过的是怎么的生活呢？他有一首自我调侃的诗，最能代表他的工作状态："胡子朝上，我感觉后脑贴到脖子上，长出怪物的胸脯，画笔总在我脸上方，颜料下落，把我弄成大花脸。"

西斯廷小教堂的天花板绘画的后半程，从技术上讲进展相对较快。但米开朗琪罗却得为别的事儿烦心。跟教皇要钱，家里的人不安分，整个意大利的外部形势也动荡不安。就在这期间，他构思和绘制了天顶最著名的一幅画《创造亚当》。这幅画一共用上了16个工作日。亚当跟上帝之间有一指之隔，上帝伸出命令式的手指，眼神威严笃定；而亚当手指弯曲，眼睛里带着求助、惶惑不定的意味。两人的形象同样肌肉饱满，强壮有力，这正应了那句话：上帝以他的形象造人。在艺术史上，上帝的形象有好多人尝试画过，但没有一个能跟米开朗琪罗这个相比，他的上帝具有老人的须发，那是无上智慧的象征，而不是衰老；他的上帝面容严峻，但不冷酷。他伸出的手指似乎把《创世纪》里的好多话交代了，结合对面亚当求助的表情，让我想到的是旧约中，亚当和夏娃被逐出伊甸园，上帝对亚当说："你必得汗流满面，才能糊口维生。"这也是针对世界上绝大部分人立下的咒语，永远无法打破。

到此，我们可以断言米开朗琪罗的伟大了。如果说上帝创造了人间万物，那么，在西斯廷小教堂的天花板上，米开朗琪罗创造了上帝的形象。

经过4年零4个星期，这幅名为《创世纪》的壁画终于全部完工。在这里我要问一句：我们看画，到底是要看什么？如果每一幅画都是在揭示自然和人间的一个角落的话，《创世纪》这幅1080平方米的天顶壁画，似乎把自然和人类的由来完整地呈现了出来。如果说欣赏艺术作品最终要获得某种心理感应的话，人们在西斯廷小教堂天顶上看到的，恐怕太博大，引起的心理感应几乎无以言表。

几十年后，米开朗琪罗又在当时的教皇委托下，在西斯廷教堂的入口墙上完成了另一幅壁画《末日审判》。这一头一尾，米大师把世界的起始和终结全部完成了。但其实现实生活中，他只是一个有血有肉的人，丑陋、脾气不好，为人小气，赚了好多钱，但一直在哭穷。反过来说，一个人的一生，在他自己的领域里，创造和完成了一切。艺术史上除了米开朗琪罗，恐怕再也找不到有他这样成就的人了，他就等于不朽！

卡西诺山凭吊

尽管有这些失败，罗马能再次招募新兵，进行训练，再投入战场，它能一次次从跌倒中爬起来，变得越来越强大。这背后的精神力量绝对不能低估。

罗马往南140公里，有一个小镇叫卡西诺，这位置恰好是罗马到那不勒斯的半路。小镇的背后，有一座同名的山，叫卡西诺山（Mont Cassino），海拔高度只有519米，但是名气却大得不得了。原因有二：山上的修道院是意大利境内最著名的圣地之一——本笃会修道院；它是二战后期，在意大利战场上最血腥残酷的卡西诺战役的主战场。

如果我们到卡西诺山上游览，至少得弄明白如下几个疑问：修道院是干吗的？天主教的隐修制度是怎么来的？二战时期的卡西诺战役并不是意大利人打的，但是，一般有英雄气节的人，但凡来到战场遗址，都要追忆古今，凭吊一番。而在卡西诺山，我们尝试探讨一下一个一直困扰着有这种情结的人的问题：为什么古罗马的军团战无不胜，而现代意大利军队却成了讲述喜剧战争的对象？

天主教的圣本尼迪克特（Saint Benedict of Nursia），公元5世纪末生于意大利中部的佩鲁贾，贵族出身，当他来到罗马打算进一步学习的时候，却发现罗马社会风气太过浮华奢靡，因此他毅然决然地放弃所有，隐退到山洞里过着苦修士的生活，当年他才14岁。他的圣品感动了别的修士。在终于被劝出山洞之后，公元529年，他领导其他修士一起在卡西诺山建立了本笃修道院，并建立了严格的隐修制度。这也是天主教修道制度的开始。这些修士要经过严格考验，合格者要发誓不近女色、绝对服从和安贫若素。这就是所谓的三大绝誓“绝色、绝意、绝财”，终身不得反悔。

这些号称“基督的精兵”的修道士，把修道院变成了自给自足的永久基地，所以修道院既是宗教组织，也是经济社团，还是教育和学术中心，这些修士既是开荒者，也是传教士。

卡西诺山修道院不但是天主教后来各派修道院的鼻祖，也是被效仿的榜样。经过1400多年的不断扩建和积累，这个修道院不仅仅是神圣场所，也是大批宗教艺术和珍贵文献的收藏地。直到1944年1月，二战德军对英美联军的卡西诺战役开始。随后，这个修道院被彻底摧毁。现在我们能参观的建筑，都是二战之后重建的。好在，那里的一些艺术藏品，在战役发动前被转移到安全的地方，没遭到破坏，所以都是真迹。

那么，卡西诺战役是怎么回事呢？

1943年，反法西斯的西方盟军在西西里登陆。西西里作战的意图，首先是要控制地中海航线，其次是给予意大利法西斯军事压迫，最后是以意大利为通道向西北挺进，进入纳粹德国控制的法国南部地区。同年9月9日，意大利政变，法西斯领袖墨索里尼被罢免和逮捕，新的意大利政府宣布退出战争。德国纳粹军队迅速做出反应，在西西里岛有序撤退之后，接替了意大利军队，占领了意大利，并在通往罗马的中部地区，组织了一条名叫古斯塔夫防线的防御战线，制高点就是卡西诺山，因为从那里可以控制下面的河谷和通往罗马的铁路和公路要道。这样，拿下卡西诺山就成了盟军必须完成的军事目标。

从1944年1月到5月，4个多月时间里，卡西诺山一共发生了三次大规模战役，盟军和德军死亡人数超过5万人，最后，盟军并没有真正攻克卡西诺山，而是德军号称“绿色魔鬼”的伞兵第一师，接到命令，撤出了阵地。

关于卡西诺山战役的具体情况，中外都有不少好书和电影讲述得很详细。因为这次战役虽然发生在意大利，却没有意大利人参战。因此，我们在卡西诺山凭吊的，或者说联想到的，就是我最开始提的问题，为什么古罗马军团战无不胜，而意大利人打仗就那么差劲呢？

先简单说说意大利在二战时期的表现。

战前，一个颇有远见的德国将军就跟希特勒说道：如果意大利中立，德国需要一个师监视阿尔卑斯山意大利边境一带，如果意大利跟德国开战，德国需要两个师就能解决它。但是，如果意大利变成同盟军，跟德国一起作战，德国就得需要8个师来帮助他们。这话不幸让他言中了，从纯粹战绩方面看，意大利在二战的所有参战的战场上，从来没有打赢过，而且都需要德国人来救援他们。在东非、北非、希腊、西西里，意大利的军队投降的最多。那些网上流传的喜剧段子，就不在这里重复了。在这里仅举一个例子：盟军在进攻西西里的时候，对一个意大利军队驻守的外岛进行了大规模空袭和海军舰炮的轰炸。在此期间，丘吉尔和艾森豪威尔打赌，丘吉尔认为，意大利军队在该岛的人数不会超过3000人，如果超出的话，就按每人五分钱法郎付给艾森豪威尔。轰炸持续了一个多月之后，岛内守军投降，一共是12000人。盟军只有一个士兵受伤，还是被一匹受惊的骡子咬伤的。意大利守军司令辩解是因为饮水设备被炸毁，无法坚守。实际上岛上的淡水储备很充足，轰炸的结果只是死亡了50多人，其主要原因是意大利将士们的意志崩溃。丘吉尔很高兴地付给了艾森豪威尔一张支票，说愿意以这个价格购买所有敌军俘虏。

先不论道义，难道意大利军队的单兵价格，真的才值丘吉尔开出的五分钱？

说实话，意大利人并不是胆小怕死的一帮懦夫。二战初期，在埃及的亚历山大港，意大利海军6个人，驾驶3个人工操作的鱼雷，克服千难万险，重创英国3艘战列舰。这6个人被俘后一直沉默，直到炸弹爆炸前10分钟，才告诫英国舰长带领全体官兵弃船逃生。这些人，既机智勇敢，又非常具有人道和骑士精神。

意大利的海军相当优秀，在设备条件非常恶劣的情况下，作战勇敢，战绩不可谓不辉煌。今天，我们都难以想象，意大利的舰队没有海军航空兵，没有登陆作战的陆战队，没有空军配合的侦察，甚至都没有雷达，能跟老牌王者，英国海军打个平手，谁敢说这样的军队一个人只值五分钱？

那么，意大利军队整体作战水平公认的最低，问题到底出在哪儿？

当然，战争的正当性是第一前提，其次是装备落后，战争准备不足，军队的组织不力，军队上层腐败无能，指挥系统差劲，这些都是原因，但是归根结底还是，为什么打仗的问题。让我们回顾一下，一次世界大战，意大利参战是在1915年，一战已经进行到了第二个年头，这就跟赌资不足的赌徒观望一会儿，最后决定押在明显胜利的一方一样，虽然牺牲了几十万生命，但那次意大利毕竟押对了。二战开始于1939年，意大利在第二年参战，其实抱着跟一战同样的投机心理，以为德国纳粹军队在东西两线势如破竹，这时是掺和进来的最佳时机，以捞取好处。以墨索里尼为首的上层，根本没有明确的战略意图，他声嘶力竭地呼吁意大利人要恢复古罗马的光荣与伟大，完全是一句废话空话。因为墨索里尼不是一个人去打仗，而是调动上百万人，这上百万人会有一个最基本的疑问，古罗马的光荣和伟大跟我到底有什么关系？

说到这，让我们回顾一下，最初的古罗马军团的状态，它性质的改变，到最后它蜕变成各个地方武装组成的大杂烩的过程。

罗马共和国时期，军队是由自由民组成的，甚至自带武器，自己准备盔甲和马匹。战略方面看，军队服从于国家，将军只是元老院委派的战时指挥而已。而国家和战士个人之间有紧密联系，战士出征，打胜仗，可以享有战利品，分得土地，同时获得荣誉。到了规定的退役年龄后，还可获得养老保障。如果是没有罗马公民权的士兵，在立功之后，可以获得特殊荣誉身份。当时的著名将领，都是最优秀的战士，他们跟士兵一起长途跋涉，一起吃住，同甘共苦，形同兄弟。在这种情况下，以希腊斯多噶哲学为精神基础的国家主义，就是全体将士的最高理想。他们是国家一分子，而国家意味着他们全部的物质和精神依靠。所以，对于将士个人来说，为国家浴血奋战，是他们光荣伟大又实惠的事业，他们愿意为此献身。

从战术上看，罗马人虽然是希腊文化的继承者，但他们在战争中学习战争，逐渐摒弃了希腊重装甲步兵大方队的作战方式，而改成百人队组合。各个百人队之间拉开足够的空间，并形成几个梯队的战阵，既可以发挥单兵作战能力，又可以根据战场形势灵活调度，再加上过硬的训练素质，每个战士都了解自己在战场上所处位置，下一步该干什么。简而言之，罗马的每个军团，由4000多名这种集合了搏击素质、战场全局观和铁的纪律性的士兵组成，对敌手来说，简直就是噩梦。还有千万别忘记我上面提到的献身精神。

当然，罗马军团也不是战无不胜的，他们特别顾虑在两种情况下作战，第一就是空间不够军团展开的谷地。例如公元前216年，罗马军团8万多人在离卡西诺山东南方200多公里的坎尼地区，被迦太基大将汉尼拔的军队引诱到了一个凹形地形里，迦太基的骑兵压迫罗马军团的两翼，使其无法展开。这一次战役，是古罗马兵团遭遇的最大失败之一，有6万士兵、80名元老和一名统帅战死。另一种情况就是在过于开阔的地区作战，因为兵团以装甲步兵为主，大规模机动性不足。镇压过斯巴达克斯起义的罗马将军克拉苏，在公元前53年，领着军队入侵安息帝国，在完全开阔的卡雷地区[1]，被安息军队的骑兵几乎全歼，克拉苏本人也被杀。

---

[1]现如今是土耳其的哈兰。

但是，尽管有这些失败，罗马能再次招募新兵，进行训练，再投入战场，它能一次次从跌倒中爬起来，变得越来越强大。这背后的精神力量绝对不能低估。

随着征服的面扩得太广，大量财富和奴隶涌入罗马，然后这些财富会被贵族和军队高层占用，用于掌握更大权势的贿赂拉拢和奢侈消费，还有就是在意大利境外购置不动产，同时，国家庞大的行政和军事开支都从征服得来，这就形成了一个依赖征服的供需经济链条，无法停下来。过去对土地和财富享有权利的自由民军队不够使用了，而且，这些自由民军团不情愿到离家太远的地方无休止地作战。因此，公元前1世纪，罗马军队的性质从自由民改为招募职业军人，以奖赏和薪酬的方式代替了以往分配土地和财产。这样，士兵们开始为钱打仗，他们信赖的不再是国家，而是带领他们的将军。虽然在军事装备、训练、后勤保障、兵役制等都实行了标准化，使罗马的军队更加强大。但是，它导致了两个后果，传统的国家主义价值观逐渐消亡，军队从隶属国家转变成隶属将军，共和国就必然被寡头控制。从恺撒时代起，专制和独裁就成了罗马没有选择的道路。

刚才说了罗马自由民军团，职业军人，这是前两个阶段。到了第三个阶段，罗马的征服达到极限，被迫停止，转为利用雇佣军防守边疆。这些军队成员民族庞杂，信仰不同，地方主义观念严重。到了这个时候，罗马公民权人人可得，已是一纸空文，不再受待见。罗马到了防御时期，依赖征服和掠夺的经济近乎枯竭，这些雇佣军得不到报酬，反过来蚕食罗马就是无可避免的结果。

以上这个罗马军队下滑的三段论，如果稍作总结，应该是这样的：扩张缺乏明智的限度，经济结构不合理，独裁暴政摧毁朴素的民意，上层官僚的腐败，民众活力的丧失和道德崩溃，传统价值观的破灭，这些是罗马军队由最初的战无不胜，到最后保护不了国家，被蛮族灭亡的历史原因。

如果用上述例子来衡量二战时期的法西斯意大利军队，它的软弱是显而易见的。客观原因上面已经说了，但最重要的还是心理问题。这些意大利士兵甚至不如古罗马后期的雇佣军，他们完全不知道为什么要参战。如果说是为钱，那生命值多少钱？为光荣和伟大，就算这句空话成立，那么，那是为了谁的光荣和伟大？如果说保家卫国，那么跑到埃塞俄比亚和北非打仗，保的是哪门子家国？还有就是像赌博一样捞取战争好处，但是一拉锯，一牺牲，这一局就不值得赌了，赌什么，也不能赌命啊！

上述这些都是有个人主义倾向的意大利人必然要问的问题，这就是症结所在。意大利社会向来缺乏一个令人信服的社会凝聚力基础，古罗马的不是现在意大利的，二者除了地理位置相同，其他没有一点关联。倒是上述古罗马崩溃的原因，在意大利二战时能找到相似的地方。墨索里尼代表暴政，上层官僚腐败无能，意大利的经济很差，根本应付不了高昂的战争需求，而传统的价值观，无论是文艺复兴、巴洛克、天主教的宗教仪式感，还是后来王国统一乃至法西斯主义，没有一样能给予意大利一个正当的参战理由。

上面说的个人主义，并不是贬义，它说明意大利人有自己的思考，明白事理。而盲目服从是以愚昧无知为前提的。

在卡西诺山凭吊的最后，有人可能会追问：那么德国的纳粹军队和日本鬼子为什么战斗力那么强？这是又一个关于心理学的问题。在此我推荐一本书，名字叫《思想改造与集权主义心理学》。书里说的思想改造，说白了，就是洗脑。在这里，我就不多说了。

庞贝古城

也许普天之下，只有庞贝城的挖掘，才使人们能够完整地了解2000年前的城市和人类的生活，它的意义甚至超过历史和考古的范畴，进入人类对生命的无常和必然命运的思索，达到了哲学和宗教的高度，而且相当神秘。

有人问到意大利留学，学什么专业最好。开玩笑地说，如果谈情说爱算一门专业，那就是不二之选。严肃地说，考古和文物修复自然是最好，这专业在意大利，永远也不会失业。人说“天下一半的文物宝藏在意大利”。这无尽的宝藏各个时代的都有。要是加固完古罗马的一处神庙，中世纪的一个塔楼也许濒临倒塌。把它抢修完了，文艺复兴某个教堂也可能出现问题。都修好了，第一个提到的古罗马那个神庙可能又得动工……像这样循环往复，哪儿可能有个完？在意大利，小到一幅马赛克镶嵌画需要专家维护，大到整个城市需要不断从地下挖掘出来。比如庞贝古城，这个被维苏威火山喷发掩埋的古罗马城市，200多年来一直被挖掘，到现在也没完全出土。

庞贝古城坐落在意大利南部维苏威火山脚下，尽管有小说和电影以这座古城为背景，但那些虚构作品都是以爱情为主线，而忽略了城市本身的重要性。其实，庞贝更为重要的，是它被火山喷发掩埋之后，完整地保存了一个近2000年前的古罗马城市。它为人类了解那个时代城市生活的各个方面，提供了独一无二的范本。应该说，庞贝被掩埋是庞贝人的灾难，但却是近现代考古和历史学家的极大运气，为什么这么说呢？听我慢慢道来。

庞贝城跟古罗马的历史一样久远，它从公元前8世纪建城之后，一共经历了古意大利原居民、古希腊和古罗马三个时代，公元前1世纪才被罗马征服。从现在被挖掘出来的平面图可以看到这三个时代的明显格局，尤其是被罗马征服之后，城市得到了大规模发展，十字相交的道路、棋盘格子的样式是罗马城市建设的最明显形制。当年，这个城市不仅是连接意大利和外界的贸易枢纽，也是当地织布和印染业的中心。在被火山掩埋之前，庞贝城有超过2万居民，这在那个时代算是大城市了。城市中有能容纳全体市民的大型斗兽场，有能容纳5000人的半圆形剧场，有100多家餐馆和酒吧，有7家妓院，还有至少10座庙宇，另外，广场上的长方形会堂，兼做法庭和银行。这个城市没有排泄污水的地沟，还有输入新鲜用水的铅制管道。

庞贝城的住宅相当密集，而且具有地中海热带式的建筑特征，朝街的墙壁没有窗户，但基本每个住宅都有方形天井，用于采光。我在庞贝参观的时候，看到有些房屋里有80厘米左右高的石墩，中间砌有好多大缸。后来经过阅读，我才明白，那些大缸是盛放葡萄酒的器皿。而有这种石墩的房间，都是酒吧和餐馆。比较起来现在的小瓶小杯，那个时代的庞贝人显然要豪爽得多。一些富贵人家墙面的镶嵌画基本都被移到了那不勒斯国家考古博物馆，这些画作的水平之高，令人叹为观止。庞贝人生活富有的另一个明显例子，就是市民的文化水平相当高，普遍具有读写能力。这一点，反映在墙壁上的涂鸦中，这种涂鸦，有点像现在的公告栏，在庞贝城随处可见："金匠一致要求选某某为营造官。"这是关于竞选的。"本店丢失一只铜壶，将它送还者将得到65个钱币酬谢。"这是关于失物招领的。还有妓院的广告："两块现金，我就是你的了。"酒店的告示牌这样写道："不要向另一个人的妻子投以贪婪的目光或抛送媚眼。谈话中不得表现粗俗。克制自己不要发怒或使用不敬言语。如果不能，回你自己家去。"还有厕所文学："皇帝提图斯的医师某某在此大便愉快。"

庞贝，这样一座富裕、充满活力、文化水平很高有时也粗俗不堪的城市，离那不勒斯海湾才几公里，跟维苏威火山相伴了上千年，彼此相安无事，直到公元79年8月24日下午，火山猛烈喷发为止。

当天下午1点多，维苏威火山爆发，迸射出一道柱形浮石和灰烬烟团，升入高空10多公里。这个时候，在离喷发中心30多公里的一处别墅住着当时罗马最著名的作家和政治家老普林尼、他的外甥小普林尼以及他的妹妹。作为那不勒斯海湾的舰队司令，同时又是一个博物学家，老普林尼决定前往查看一番，他要求自己的外甥小普林尼一同前往。小普林尼因为功课没做完，所以拒绝了舅舅的请求。也正因为如此，这个决定挽救了小普林尼的生命。

后来，小普林尼的两封书信，是记述火山喷发的珍贵文字材料。按照他的记载，云团在火山爆发的第一阶段，就像一棵松树。先是升腾到天空，然后从顶端发散出分叉，颜色一会儿白，一会儿暗，好像含有尘土和火山灰。老普林尼，这位写过36卷《自然史》的最伟大的博物学家，下令备好船，要前往查看。随后，老普林尼收到一张字条，上面写着火山附近的人正处在危险中，他便亲自率领舰队前去救援。小普林尼记载道："他越驶近对岸，落到甲板上的火山渣就越多，而且非常热。还有被烤焦烧裂的石头。随后，身下的大海突然退潮，从山上坍塌的岩石占据了海岸。"舰长催促老普林尼离开，他却下令把船开到另一个地方，结果招来了杀身之祸。

这个时候，火山喷发把东南方向的海岸和丘陵变成了地狱。

庞贝城古代储酒罐

维苏威火山看不到顶

火山云团覆盖了庞贝和附近庄园。随着黑暗而来的是无休止的碎石雨，有的小得跟米粒一样，有的比拳头还大。这些浮石尽管很轻，但下降速度很快，杀死了不少人。两个小时之后，落到庞贝城的石头就有几十厘米厚，建筑物开始倒塌，燃烧。在火山喷发的最初几个小时，大多数人借着各种交通工具逃命，但是，据估计至少还有2000人决定留下。这些人无一幸免。

从8月24日下午到25日清晨，维苏威火山一共发生了6次喷发，最后一次则是毁灭性的。随后，火山灰又在这一地区飘落了好几天。这样，庞贝城和附近另一个小一些的城市赫库兰尼姆城，被完全覆盖了，从人们的视野中消失。

几天过去，当一切都平静下来之后，逃难的人们有些回来了，随意挖掘了一些地方，以寻找被埋葬的财宝。这其中不乏盗墓之人。也有些人钻到火山灰覆盖的地下，因为有毒气体而被熏死。当时的罗马皇帝曾组织过赈灾活动，甚至一度想重建庞贝城，但因为工程过于浩大而放弃了。

维苏威火山随后并没有消停。从公元3世纪开始，到公元17世纪，它又陆续喷发了6次，最后一次喷发在1631年，其规模跟公元79年那次差不多，从火山口流出了7条岩浆河，把山脚下所有城市都摧毁了，据记载死亡了18000人。

十几个世纪过去之后，庞贝城被彻底遗忘。它的再次被发现并不是出于考古目的，而是源于外国人的贪婪。从18世纪开始，当地农民不时在地里发现一些罗马时代的花瓶、浅浮雕和雕像的残片。随即引起了统治当地的奥地利人、西班牙人和法国人的兴趣，他们引起的寻宝热都是掠夺性质的。因为火山造成的地貌改观，人们根本无法确定被埋葬城市的确切地点。直到1763年，有庞贝字样的拉丁铭文被发现，这座古城终于被发现。

19世纪70年代意大利重新统一之后，国王任命了一位名叫菲奥勒利的、真正的考古专家担任挖掘总监，庞贝城的历史追溯和考古挖掘才走向正轨。在菲奥勒利的主持下，首先探明城市的围墙，然后绘制出工程图，并给每个建筑都编了号。在挖掘过程中，专家们确保对每件出土的文物都有准确的描述，不仅仅是外表和形状，还有跟其他物品的关系。新发现的物品尽量保留在原处，而不是被移走。这样，这个城市的细节一点点被揭露了出来，仿佛沉睡了1000年后被唤醒。鸡蛋和鱼被发现仍摆放在桌子上，锅里还有肉骨头，商店里陈列着干枯的圆葱、豆类、橄榄和无花果。各种私人物品被发现，比如首饰、化妆品、香水、象牙梳子和护身符。

我在庞贝参观，最好奇的是那些近2000年前的遗体是怎么保存下来的，后来才知道，这也要归功于菲奥勒利。他在仔细研究了火山灰之后，认识到火山灰一旦从空中落到具体东西上，顷刻间就包围住这些物体，保持其轮廓。一次，挖掘工人用十字镐随意刨下，却意外刨出了一个洞。菲奥勒利立刻认识到下面可能是空的，很可能有人类的遗骸。于是他命人把液体熟石膏注入那个洞穴，熟石膏在经过一段时间凝固之后，去除外面的火山灰，一个个人体遗骸就这样被保存了下来。这就是为什么，各具形态的遗骸像石膏像一样的缘故，而且他们全部保持着临死挣扎的自然状态。有个小伙子领着姑娘逃生，然后并排倒下，一个母亲怀抱婴儿，身旁还有两个女孩儿紧紧偎依在她身旁；有些人试图抢救财物，有人手里还攥着钥匙。有一个考古学家对一个成年男子塑像的描述，代表了当时所有人的感受："他的一只手向外伸展着，紧握拳头。他的四肢僵硬、痉挛，再加上清晰可见的痛苦和恐惧的表情，好像在表明他已知道了自己的命运，他的一切抗争都是徒劳的。"

人们对历史的兴趣是跟当下的日子紧密相连的。但是，通常了解历史的手段不过是书本、考古挖掘出的文物，都是局部和不完全的。也许普天之下，只有庞贝城的挖掘，才使人们能够完整地了解2000年前的城市和人类的生活，它的意义甚至超过历史和考古的范畴，进入人类对生命的无常和必然命运的思索，达到了哲学和宗教的高度，而且相当神秘。比如在庞贝城的墙上的涂鸦中，有四句诗歌这样写道：

在无尽的时间中没什么能经久不衰。

当太阳熠熠闪耀过后，它又回归海平面；

此刻正满的圆月开始缺损。

因此，强烈的热爱之情通常如微风般结束。

这段诗，是庞贝城一个焦虑的情人在火山喷发前不久刻下的。这像不像预言？既是对庞贝城的预言，也是对此后2000年来人类生活的预言。

最后，对庞贝城的参观有三点建议：

1. 如果可能（比如能听懂英语），最好雇佣一个当地导游。这样，能够更全面地了解所看到的一切。

2. 庞贝城挖掘出来的文物，好多在那不勒斯国家考古博物馆收藏，应该两厢结合参观，这样收获会更大。

3. 如果你在维也纳、马德里和巴黎的博物馆里看到了庞贝出土的文物，不要吃惊。那不勒斯一带的意大利南部，在意大利统一之前，先后由奥地利人、西班牙人和法国人统治过。庞贝这个蛋糕太大，谁都想分一块。

南方的幽灵

外人到意大利南方岛屿（甚至包括那不勒斯），好像置身于2000多年来没多大变化的露天剧场一样。但谁是这个剧场里起支配作用的人物？我指的是隐藏在所有人精神深处的、古老的幽灵。

到一个地方去寻找故事，这种做法其实是荒唐的。十几年前，我第一次去那不勒斯。因为早年那些那不勒斯民歌对我的影响，我觉得我应该在那里看到一些弹着曼陀铃到处欢唱的男女。而实际上，我所见到的是一个拥挤混乱的城市。要不是海边一带亘古未变的宁静景色——阳光下的白色石滩和维苏威火山，我都觉得那不勒斯就是一个人类蜂窝。人走近那不勒斯，也跟走近蜂窝一样受密集恐惧症的困扰，感觉害怕。若干年前，出于同样的“找故事”的动机，我坐船从马耳他去了西西里。现在回想起来，尽管有近20年的职业旅游经验，我跟那些天真的游客其实是一样的。到了西西里，先是怀着对传说中黑手党的好奇和恐惧，然后带着定见打量锡拉库萨、帕勒莫等地的人和事物，仅此而已。最近一次，受朋友邀请去了撒丁岛的首府卡利亚里。到此，我有些开眼了，疑问也随之产生：为什么西西里和撒丁岛都有那么一股子尘封的味道，好像时间在那里停滞了。如果形象表达，外人到意大利南方岛屿（甚至包括那不勒斯），好像置身于2000多年来没多大变化的露天剧场一样。但谁是这个剧场里起支配作用的人物？我指的是隐藏在所有人精神深处的、古老的幽灵。我想起在西西里的某处火车站，清晨，五六条流浪狗追着火车连跑带吠，站台上坐着几个过早衰老疲惫的人，就跟剧场看门人一样无聊地朝太阳眯缝着眼睛。这些人和狗显然不可能告诉我什么有用的东西。

大地大海也沉默不语。如果非要寻找意大利南方秘密的话，不如听听真正的南方人怎么说。意大利作家兰佩杜萨亲王（Giuseppe Tomasi Di Lampedusa，1896~1957）是意大利南方的文化代表人物。他唯一的一部长篇小说《豹》里的主人公法布里其奥亲王，就有我要寻找的谜底。

“豹（leopardo）”是兰佩杜萨亲王家的族徽。书中主人公的原型，应该是作者的曾祖父，是“只有800年的门阀，才培养出这样的风度”（英国作家格雷厄姆·格林语）的人物。他高大，形象威猛，对天文学和数学有深入研究，教养非凡，他怀旧、敏感又审时度势。他面临的是1870年前的艰难时刻，西班牙波旁王朝治下的西西里王国面临崩溃，加里波第的红衫军已经在西西里登陆（详见《意大利这个国家是怎么建立的》一章），意大利正处在统一的前夜。作为有王室血统的贵族掌门人，他应该何去何从？亲王有7个子女，有一个参加革命军的外甥。这个外甥堂科雷迪虽然人长得俊俏，机灵而能言善辩，但家道中落。也就是说，堂科雷迪除了自己的外表和快变成废墟的府邸之外，一无所有。而亲王的女儿贡切达却疯狂地爱上了自己的表哥，甚至托家庭神父向亲王征得嫁给堂科雷迪的许可。按书中的交代，这种姻亲加婚姻关系在西西里贵族当中很普遍，第一是贵族们的社交圈子狭窄，第二就是这种婚姻能使遗产不会外流。法布里其奥亲王没有满足女儿的请求，他爱自己的骨肉，也爱外甥，但他出于本能知道这种婚姻无非又是近亲繁殖。遗传方面只是次要因素，但如果女儿嫁给外甥，带着“豹”族徽的显赫家世由此肯定就完蛋了，因为无论从遗传还是从政治上着眼，那是绝无前途的。亲王的儿子们不成器，当下唯一的选择就是让外甥娶一个新兴阶级中的女子，于是，亲王促成了堂科雷迪和暴发户市长女儿的婚姻。

一次晚餐，市长女儿闪亮登场，除了腿短之外，她简直就是新鲜奶油做出的可人儿，而堂科雷迪被情欲燃烧着，不免卖弄风情。他随口讲出一个他们几个红衫军伙伴羞辱修道院女修士的轻佻故事。这使吃醋又保守的贡切达怒不可遏，同时体会到了绝望的滋味。从此后，故事开始转折，堂科雷迪和市长女儿安琪丽卡的相互吸引，除了年轻人的荷尔蒙起作用之外，更代表新旧两派的相互试探和相互需要。市长发了国难财，有大片田产，家中保险库装得满满的，但急需贵族头衔来光耀门庭；而堂科雷迪需要钱财，以便购买选票，在新政府中步步高升。这两个年轻人都野心勃勃，但并不一定真的相爱，甚至对自己的除肉体之外的欲求也不甚明朗。谁更清楚这种婚姻交易的前景呢？是亲王法布里奇奥。他知道旧的势力想在新环境中生存，就必须把自己的触角（堂科雷迪）伸进新势力中，也只有这样，即将消亡的门阀家族才可以像蚕茧一样破壳重生。法布里奇奥亲王真正了不起的地方，是他对这种重生也并不抱有乐观的幻想，他只是希望代表旧制度的家族，能够通过这种联姻苟延残喘下去，他知道总有一天，“我们这些豹和狮子终将被土狼和鬣狗取代”，但被取代总比被消灭强。于是，亲王召见市长，为自己的外甥提亲。

如果小说里这个场景是个历史性时刻的话，同时这也是新旧势力的初次过招，是个经典的西西里风格的巴洛克戏剧场面，或者说是喜剧也不为过。法布里奇奥亲王屈尊俯就在跟暴发户市长提亲时的感觉，书中说，就跟嘴里咀嚼一只癞蛤蟆一样难受。但他带着不失有教养的风度和居高临下般的亲切，提及了亲爱的外甥的贵族出身（也是亲王），提起了堂科雷迪“成吨的”美德，提到了外甥家族破败的现实，他所拥有的唯一的遗产，那个“府邸内最好的地方只能做羊圈用”。当然，他也提到了两个年轻人的疯狂相爱，虽然他并不相信最后这一点。安琪莉卡的父亲，就是那个暴发户市长是个天才戏剧人物，他的回答简直妙到毫巅。他说：“爱情，殿下，爱情就是一切。”然后他直截了当地说在未来的婚约中，他将直接写明给女儿的嫁妆，那是两处巨大封地，其中包括上好的葡萄园和橄榄园。“结婚那天，我将给新郎20个帆布口袋，每袋装着一万金币，而我自己手里只留一根拐杖。”这些俗气至极又无法抗拒的话，使亲王和在场的神父目瞪口呆。按照《圣经》的语气说：事情就这样成了。亲王拥抱了矮小、穿着不可体、脸没刮干净的暴发户市长，“市长的两条短腿随之也腾空起来”。他们谈话期间，这个托举似的动作一共进行了两次，每看到这儿，我都乐不可支。

随后的某天，亲王跟一个侍从去打猎。闲谈中，他才知道，市长夫人出自一个非常低贱的家庭，她的父亲有个外号叫“大便佩佩”，后来被人暗杀在某个尘土飞扬的山路旁。那又怎样？20万金币，能把成吨的大便变成黄金，这就是亲王眼中表面灿烂的未来。

小说中的法布里奇奥亲王绝不是一个庸碌之辈，他有智慧，有远见卓识，与其说他爱黄金，不如说他追求黄金（这个新兴资本主义的符号），因为它能使他所爱的外甥有所成就，他的家族能依靠这种联姻在政治剧变中得到庇护。亲王厌恶即将来到的事物中的粗野、庸俗和厚颜无耻。他为了躲避这些，时时进入对星空和一

强权与宗教，西西里人的信仰

些玄妙事物的冥想中。他也有强烈的情欲，当看到外甥和美人儿安琪莉卡卿卿我我，他也会陷入嫉妒和无奈的情绪之中。但是豹终究是令人敬畏的猛兽，尽管出现了垂死的迹象，土狼和鬣狗还是无法与之相比。我觉得作者最高明的地方，并不是要给出是非结论来，而是把亲王的行为和内心做了很好的对比，记得在提到巴洛克一章中，我就说过，最高明的意大利人是“跟多数人一样行动，跟少数人一样思考”的。小说《豹》中的主人公恰恰就是这种典型人物，他既属于西西里，又属于意大利，从而体现出了巴洛克式的人生态度。

关于西西里，法布里奇奥有几段精彩话语，这是他拒绝新政府提名他做参议员时说的。在此不妨摘要录入：

“我们老了……老掉牙了。起码25个世纪以来，我们肩上压着灿烂的文明，但却是个大杂烩，都是外来货，没有一点是我们自己的东西，没有一点是我们定的调子。

“西西里人就愿意睡觉，而且总是憎恨想要唤醒他们的人。西西里人的一切表示，即使是最激烈的，也是梦一般的表示：我们的情欲是对忘却的渴望，我们开枪动刀，是对死亡的渴望；我们的懒惰，我们的葱汁或者桂皮饮料，都是对愉快的静止的渴望，也是对死的渴望；我们沉思默想的外貌，只给人一种求索涅槃奥秘而不得其解的印象。

“我刚才说西西里人，其实我还应该说包括西西里以及它的环境、气候、风景。这些力量汇在一起，比外国统治和伤风败俗更加厉害，从而铸成了我们的心灵。

“后来，他们（这里指的是几个英国军官）中的一个问我，意大利志愿军（即解放西西里的加里波第红衫军）到西西里来到底要干什么。（亲王回答）他们来教我们良好的教养，但是他们办不到，因为我们是神。

“西西里人虽然遭受过10个左右不同民族的铁蹄的践踏，但他们相信自己的过去是伟大的，因此有权举行一次奢华的葬礼。”

亲王在说这些话时还强调过，因为西西里人太骄傲和盲目自信，他们是听不得上述批评的。这意思是说，也只有作为西西里人才有权讲出来。他不但拒绝当参议员，还推荐了那个暴发户市长替代他。高明至极。

叙述到这里，我似乎看懂了一些意大利南方的生活本质。那不勒斯为什么有那么优美的民歌？因为环境太美，人的情欲又太强烈了，那是对“忘却的渴望”的音乐表达；而那不勒斯又为什么那么混乱？想想那不勒斯王宫外10个国王的雕塑，居然没有一个是意大利人，所以外来的东西本能地被当地人抵触，不管它们有多么堂皇的名字：法律、秩序、道德等等。我明白了西西里的三条腿标志的象征意义。当然，三条腿代表岛屿的三个角，但我在小说

《豹》中得出了另外的结论：三条腿即旧文化、新势力和一成不变的乡土意识的组合，它们环绕在一个女巫美杜莎的头像周围。这三条腿的结构关系不可能是用来走路的，而美杜莎是蛇发女怪，相传看她一眼人就能变成石头，所以西西里的静态是历史的和现实的必然。最后说到撒丁岛，我对那地方几乎没什么感觉，但回头看英国作家D.H.劳伦斯的游记《大海与撒丁岛》，真把我吓了一跳。劳伦斯说："那里没有历史，没有文化，所以我们要去那儿。"让我们想象一下，就按上文的剧场意象，无论多么古老，一个剧场没有新的剧目演出，只是一帮子看门人徘徊其中，它从实在意义上看就是空的，我们顶多能在里面嗅到2000年前的尘土味道。我想这也是劳伦斯对撒丁岛的看法。

让我们再回头说小说《豹》，亲王除了跟星星对话之外，再就是喜欢自己家的狗，因为它跟星星一样从不会说谎。多年后，亲王过世，他的三个女儿（其中包括热爱堂科雷迪的贡切达）变成了老处女，热衷搜集真假难辨的圣物，以此来打发无聊的时间。他们家的狗死去之后被做成了标本，镶上了玻璃眼珠子。因为府邸的老旧和生活的日渐没落，这张狗皮被虫蛀得厉害，散发出难闻的气味。但它一直被保存在贡切达的卧室里，跟几口箱子为伴。那几口从来不打开的箱子里，装着贡切达年轻时打算出嫁的衣服。此时，连堂科雷迪也已经作古，他生前依靠岳丈的财力和自己的聪明机灵，一直升到了意大利王国参议员的地位。在一派颓废衰老死亡的背景中，只有安琪莉卡仍然意气风发，尽管她也上了年纪，但毕竟身份是王妃。她带着一个昔日的情人（跟堂科雷迪婚姻过程中的外遇）去拜访亲王府邸。他走了之后，亲王女儿、老姑娘贡切达唤来仆人，把那张珍藏多年的狗皮扔到了垃圾堆里，小说《豹》于是结束。我想，这最后一笔，意味着以往显赫的豹的徽章，最后不过变成一张垃圾堆里的烂狗皮而已。

在余下的文字中，我不得不提到两件事，第一，我觉得最好的文学，可以比作最好的雕塑。小说《豹》几乎是静态的，这符合西西里的背景。但是亲王这个人物，支撑起了整个小说结构，这符合“人物即结构”的文学原理，其余的人和事物都是为这个人物服务的，无关紧要。作者的用笔，就跟大雕塑家贝尼尼用凿子一样。兰佩杜萨的文笔优美、典雅、准确、反讽而又悲凉。在他的笔下，法布里奇奥亲王是个骨血丰满的人物，同时又承担起了整个西西里或者说意大利南部的历史负担。从另一方面看，亲王又不是跟雕像一样是静止的，他对时局的把握，他的内心活动和行为，喻示了西西里乃至意大利南方的未来，不管这个未来是什么样子的，那不在他的掌控之下。

第二，有兴趣的读者在读了小说《豹》之后，应该看看同名的电影。这部电影由意大利大导演维斯孔蒂执导，美国大演员兰开斯特出演亲王，而堂科雷迪是由年轻的阿兰·德龙扮演的。启用阿兰·德龙，说明导演完全领会了作者的意图。没错，阿兰·德龙是世纪美男子，但他一笑起来，总给我一股子轻浮、卑贱和肆无忌惮的感觉，整个一个投机分子的嘴脸。他如果代表意大利南方的未来人物，那就对了、因为意大利南方的现实状况在于，官员们没有多少公信力可言，投机取巧、唯利是图是他们本色，所以被认为是公开的匪帮，和真正的匪徒以及黑手党沆瀣一气。像法布里奇奥亲王身上那种不合时宜的高贵和复杂性，只能作为幽灵一直存在下去。

最后，我认为，意大利现代文学有《豹》这样伟大的作品，实在幸运。作者是20世纪的文化返祖式人物，他的小说也跟最珍贵的雕塑一样很难再被创造出来。

极端之城——那不勒斯

我曾从海边往那不勒斯城里眺望，感觉这城市格局像一件巨大衣服的皱褶，每个皱褶间都可能隐藏着肮脏的灰尘。但是，如果这个城市有上百万善良正义的市民，有反黑记者和现身说法的牧师，这个城市就不会是真正的罪恶之城。

那不勒斯是个非常美丽的地方，沿海一带的格局，非常像法国的尼斯和马赛。但那不勒斯有巨大的城堡和歌剧院，左近维苏威火山，再往南部有苏连托、阿玛菲海岸和卡普里岛。当年的罗马皇帝都在那些地方建有别墅。另外，庞贝古城里挖掘出的大部分宝藏，都在那不勒斯的国家考古博物馆里收藏，这个博物馆，跟希腊雅典的国家考古博物馆一起，是欧洲顶级的两家考古博物馆。因此，针对意大利旅游，西方有一句谚语："在佛罗伦萨，你思考；在罗马，你祈祷；在威尼斯，你喜欢；在那不勒斯，你观看。"

但是，对那不勒斯，我从来抹不去第一次到那里的记忆。当时是11月份，但那边天气很好，在海边逛完之后，我们一行十几人在一个比萨店吃饭，当我掏钱结账时，本地司机立刻阻止我说："你怎么敢在公开场合掏钱？"他示意我旁边有几个皮肤黝黑、眼窝深陷的当地年轻人，那几双眼睛就跟带钩子一样盯着我，我感觉脊背有一阵寒流穿过去。好在，那天我们没有解散，在日落前就驱车离开了。

阳光和海滩背后的那不勒斯，有着怎样令人毛骨悚然的阴暗面？

我一向认为，对一个国家的讲述，一定得包含负面的东西，这样才真实，否则就成了足球比赛的啦啦队的欢呼了。一个当地的反黑记者，甚至把那不勒斯叫作"蛾摩拉"[1]。这个反黑记者，因为写了一本揭露那不勒斯黑道方面的畅销书，到现在还被警察保护着，已经快10年了。

那不勒斯是意大利第三大城市，前两位是罗马和米兰，同时，那不勒斯也是意大利南部最大的港口。一年的卸货量达160万吨，而其中最起码有六成是未经报关的走私品，90%以上来自亚洲地区。从服装、塑料玩具、工具、游戏机、电子手表等等日用品应有

[1]《圣经》里被上帝诅咒和毁灭的两个罪恶城市之一，另一个叫"索多玛"。

尽有，它们可以装满15万个集装箱，以最快速度倾销到欧洲各地。有一些属于半成品，需要在港区附近再加工包装。于是，在那不勒斯郊区形成了地下产业链条，其中包括奢侈品代工，也包括造假、制毒贩毒、贩运军火、建筑和运输业、垃圾处理等等项目，全部由统称“克莫拉”的黑帮家族控制。据统计，克莫拉的整体规模，是西西里黑手党的5倍。

这些地下血汗工厂因为不需要正规手续，也不需要身份证明，所以吸引了很多偷渡客和意大利本土生计没有着落的人员，熟练的技术工人月薪是500到900欧元不等。这些工人没有医保，没有任何福利，薪酬全部以现金方式支付，每天要工作10到12个小时，也没有节假日，加班额外付费。他们的身份都是造假得来的，老板会扣留一部分应付的费用，一旦这些人因为工伤或者疾病死亡，他好把他们的尸体用集装箱运回本土安葬。

那个卧底记者说，在那不勒斯港口，他亲眼见到吊车把一个集装箱往船上吊装。集装箱在半空中晃晃荡荡，本来没关好的门突然被冲破，从里面掉出一大堆尸体，有男有女，还有孩子，每个人脖子上挂了个牌子，以证明身份。吊车司机没有报警，而是放低集装箱，然后不知从哪里冒出一批人，努力把尸体再塞回集装箱里，实在塞不进去的就用水龙头冲到海里。你能相信吗？这是在光天化日之下进行的事情，而且是那不勒斯港日常生活的一部分。

这个卧底记者具有圣人般的勇气，他不但在地下工厂附近租住房子，甚至找到了一份搬运的工作，而且得到了一个姓氏显然是中国人的工头的信任。于是他了解到光鲜亮丽事物的另一面。

这些工厂的用工如此简便，所以它们的价格具有超凡的竞争力。连意大利知名服装品牌如果有急活，也在这些地方招标。这个记者就参加了这样一个招标会，并且结识了一个中标工厂的技术骨干，名字叫帕斯卡尔的人。帕斯卡尔手艺超群，但似乎很满足每月几百欧元的薪水，他甚至被那个亚洲工头请去培训他们的工人，途中还得有武装护卫。帕斯卡尔对布料和剪裁，简直就是先知式的人物，他对这些倾注了全部的关注和爱心。但是有一天，他在家看电视时，却再也忍受不住了。那一天，恰好这个记者也在他家里，帕斯卡尔不停地调换电视频道，但他终于停在了一个频道上，眯着眼睛看屏幕。那上面正在直播奥斯卡颁奖晚会，美国著名女星安吉丽娜·朱莉穿了一身光彩夺目的白绸缎长裙，走上奥斯卡颁奖典礼的红地毯。这身衣服，据介绍价值多少万美元，却是帕斯卡尔在地下工厂做的。当时厂商只是简单告诉他："这衣服要卖到美国去。"帕斯卡尔做过几百套成衣，但这套太特别，他清楚记得它的领口、袖口尺寸，他曾想象穿着它的身体是怎样的，衣服的衬里、扣子等等，他是那么清楚。他还记得拿面料的那一天。但是，几十万美元的一件华服和月薪600欧元的差距太大了，大得让帕斯卡尔受不了。他没关门就走了出去，他太太在暗暗哭泣。从那以后，帕斯卡尔改行去给黑帮开大货车，合法的和非法的物品都拉，他的手已经变粗糙和出现血丝，但他宁肯干这个也不再做衣服了。在他的钱包里，总有一张安吉丽娜·朱莉穿白衣裙的报纸剪贴，私下里，他可能反复看着这个照片，心情该是多么复杂啊！

那不勒斯克莫拉各个犯罪家族跟黑手党不一样，他们在利益的前提下百无禁忌。这些家族在那不勒斯北郊组成的贩毒市场，其规模是欧洲之最，全球排在第5名。而且无论哪个社会阶层，也不管是退休人员、公司小职员还是小企业的业主，都可以通过中间人进行毒品投资，回报的利润相当丰厚，基本上一个月就可以翻倍。这些小投资人因为没有犯罪记录，可以帮忙藏匿毒品，警察很难发现。最令人发指的是这些黑帮家族在少年当中培养毒贩和杀手，为了培养他们的胆识，他们必须接受死亡训练。其方法是让他们穿上防弹背心，然后向防弹背心上开枪。这些孩子只是13到17岁的少年，其中一个少年把衣服搂起来让记者看他身上的瘀青，那是一个个紫色的圆圈，是子弹撞击防弹背心后使身上的毛细血管破裂形成的。那个孩子自豪地跟记者讲述道："子弹打中的时候，你会摔在地上不能呼吸，感觉就像胸口被人打了一拳，好像要死了，但不久就会恢复过来。"受过这样训练的孩子，价值观被洗得干干净净，人生的目的就剩下一条：那就是赚钱享乐，不管以什么手段和方式。其中一个被抓进监狱的少年讲述了自己的理想。这是他写给一个神父的信，这完全不可能认为是忏悔。他说："我认识的人不是死了，就是在牢里。我想当老大，想要拥有超市、店门和工厂，还要有女人。我要三辆车，走进店里大家都尊敬我，在全世界都有库房，然后，我想要死亡，像男子汉一样，像个真正的老大。我想被人杀掉。”

这些孩子，甚至还没有成人，就已经对吸毒和残杀习以为常，他们卖给了记者一个MP3，这是一个杀手逃匿之后留下的，记者戴上耳机听里面的内容，那里放出的是那不勒斯新旋律音乐和流行歌曲，他们就是听着情歌杀人的。

那不勒斯死于黑帮火并的人数多得令人不敢相信，从1979年到2005年这26年期间，死亡人数是3600人，每年平均死亡138.5人，平均2.6天就死一个人。我在这里强调一下，这是指黑帮火并死于非命的歹徒。估计这个数据，在世界范围内的非战争地区，也是首屈一指的。

根据这个记者的说法，在那不勒斯，杀人的方式是有相当大的区别的，如果对人的头部和腹部开枪，干得像外科手术，表示杀人是在不得已，没有恶意。要是这人的车子中了200多枪，身上中了40多颗子弹，就表明他们打算彻底将他从地球表面除去。在这个记者还是小孩子的时候，他父亲对他的教导是这样的，父亲大声问：

“有手枪没念过大学的人叫什么？”

他回答:“有手枪的败类。”

父亲说:“很好! 念了大学没手枪的人叫什么?”

他回答:“有学位的败类。”

父亲说:“很好! 那又念大学又有手枪的人叫什么?”

他回答:“男子汉! 爸爸。”

父亲称赞道:“完全正确!”

这就是另一面的那不勒斯。

在这样的地方,除了金钱最被崇拜之外,还有一样东西简直就是圣物,那就是简称AK47的冲锋枪,也就是俄罗斯一个叫卡拉尼什科夫的军械师1947年发明的自动步枪,这种枪所屠杀的人还超过所有自然灾害、广岛原子弹和艾滋病毒。但是,他的发明者却在俄罗斯坐上了将军的宝座,而且受全世界官方和歹徒们的崇拜。这个记者的一个熟人,一个黑帮小混混在试过AK47之后,兴奋莫名,大清早在酒吧里猛灌鸡尾酒。他们试枪的地方也够特别的,在深夜朝酒吧的窗户开枪。我们无法想象,这些酒吧窗户居然是防弹玻璃的。而且这个小混混一定要前往俄罗斯,亲自朝拜卡拉尼什科夫将军,他居然做到了。通过什么关系能够见到将军,我们当然不知道了。但那不勒斯黑帮确实手眼通天,他们和其他意大利黑帮一起,每年贩卖的军火达33亿美元,是意大利官方军火采购的十分之一。这个小混混不但在莫斯科见到将军本人,还跟将军和家人共饮伏特加酒,吃着意大利生产的奶酪，临走时还请求将军给记者留了张签名的照片，上面写着：“谨赠某某某，献上最诚挚的祝福，卡拉尼什科夫。”这对一个卧底3年，见过无数被枪杀的尸体的反黑记者来说，真是够讽刺的。

就在这样的罪恶之地，也还是有孤胆英雄挺身而出的。这个当代的圣人叫狄安纳，出生在那不勒斯，在罗马受教育，本来他可以留在罗马，但出于拯救家乡的圣洁动机，他回到那不勒斯，做了一个神父。针对丑恶的社会犯罪现象，他发表了若干文章，直接指向事物的本质，他的作用甚至超过警察和宪兵。狄安纳说：“帮派源于现实的社会条件、固定的运作机制和可以明确指认的腐败因子。”他呼吁民众：“我们必须分清彼此，才能让那些人陷入危机。”他认为，政府对南意大利的就业、住房、健康和教育关注和投入得不够，是助长犯罪的主要原因之一。这个人，寻找一切机会抨击和揭露黑帮横行的社会现实，造成了巨大的影响。但是，有一天早晨，在他准备做早弥撒之前，被枪杀了，当时他才36岁。他的死，激起了那不勒斯民众的极大震动。他出殡的那天，家家都把白被单绑在阳台上，以表达哀悼和无声的愤怒。

狄安纳，和这个反黑记者一样，他们的矛头不仅指向社会犯罪，而是要揭开意大利官、商和黑帮三方面勾结的最终黑幕。没有这三方面的勾结形成的巨大势力，光凭黑帮本身是不可能做那么大的黑道生意的。

最后，也是最可怕的一个例子，是意大利的工业垃圾，在官方数据之外，就有1400万吨倾倒在南意大利，主要是那不勒斯的周边地区。这里面包含了巨大的利益考量，如果把这些垃圾运到德国或其他国家处理，意大利各大企业要花上5倍以上的价格，这是这些企业不想承担的成本。而节省这些成本，这些企业就可以扩张规模，雇佣更多员工，从而整体提高意大利的国家竞争能力。黑帮的手段简单至极，他们不分类，直接找地方埋了了事。运垃圾的司机甚至不愿直接负责倾倒，黑帮公司就雇佣十几岁小孩子跟这些有毒物质“亲密接触”。环境污染、植物变异、小孩子感染怪病，这些统统抵不过巨大的商业利益。

我曾从海边往那不勒斯城里眺望，感觉这城市格局像一件巨大衣服的皱褶，每个皱褶间都可能隐藏着肮脏的灰尘。但是，如果这个城市有上百万善良正义的市民，有反黑记者和现身说法的牧师，这个城市就不会是真正的罪恶之城。

另外提示一下，那不勒斯的犯罪是有组织的，海边一带还是相当安全的。有经验的人提示，在那不勒斯，不要晚上出门闲逛，作为外来人，不要深入市中心。而我认为，最好不要在那里过夜。

黑手党是怎么回事

一个意大利学者说得好，黑手党就像社会各种弊端的显性状态，就是说社会机体本身有毛病，黑手党就是以这些毛病为基础的显性病变。怎么能够根治黑手党，这个问题，就跟探讨怎么能够根治意大利社会各种问题一样，谁也没法一下子给出答案来。

研究黑手党历史的专家们认为，黑手党一词Mafia，有两种解释，第一种，如果开头字母小写，那是代表西西里人的性格传统和处世哲学，包括被普遍认可的行为规则；第二种解释，开头字母大写的，专指发源于西西里的犯罪组织——黑手党。

这一章，我就从意大利北方和南方人的性格区别开始，探讨一下黑手党的起源和所根植的社会土壤；还有，我会讲述一个黑手党二代教父的若干事例，用以说明，黑手党徒不是脸谱化的人物，他们的组织和行为，也不是像童话故事里的坏蛋一样，一团漆黑。这些人，既是西西里人，也是典型的意大利人，同时是人类社会大片灰色和黑色地带的典型人物。因为牵扯到一些轰动世界的戏剧性事件，他们被过分妖魔化或英雄化了。往下，让我们先把传奇故事和影视作品所传达的定见暂时放下，跟我了解一下真实的黑手党到底是怎么回事。

意大利南方和北方的分界线在罗马，而南北两部分人的性格差异相当明显。罗马以北，经济发达，人口的都市化比例相当大，人们认为过上安稳生活的途径，无非是接受良好的教育，然后在财富社会中逐渐站稳脚跟，这是典型的资本主义中产阶级的价值观。而南方很长时间以来是农业社会，社会观念中掺杂了许多更为复杂的东西。南方人认为自己安身立命的第一条件就是受人尊敬，他要别人服从他，羡慕他，畏惧他。比如说“堂”这个姓氏的前缀，就是西班牙式的尊称，比先生要更庄重一些，直译过来应该是“阁下”的意思。简单说，北方人的理想是做一个Mister Right（白马王子），做工商社会的宠儿，而南方人的理想就是被称作“堂”，带有微妙的等级优越感。

南方人的这种观念是怎么来的？如果敞开讲，可能牵扯到地理、人种、历史、经济等诸多因素，而且没有一个因素能够单独说明问题，因此我们就把这个令人感兴趣的话题悬在这儿。

西西里是意大利最南端的岛屿，那里的人比意大利南部其他人的优缺点更加突出。按照意大利史学家的观点，意大利人太精明，他们经常把这种精明用在内耗上，彼此掣肘，社会生活发展必然缓慢；比较起来，西西里人就更是人精，他们的聪明才智或者阴谋诡计相互抵消，这样，那个地方根本就谈不上发展，而是停滞不前。

为什么会这样呢？

一般来说，推动社会改革与进步的政策法规需要大部分人拥护才行，但在西西里，因为历史传统，他们拒绝相信一切来自官方的东西。从古希腊时期开始，西西里岛被外族侵占和统治得太频繁了，就举几个最明显的例子，希腊人曾是岛上的主人，随后是北非迦太基人的进入，然后罗马人的征服，接下来是中世纪的阿拉伯人、诺曼人，然后是奥地利、西班牙等等。这样，即便最后并入到统一的意大利国家体系中，那种对外部强权的反感并没有消除。这种普遍心理，形成了个人和以家族为单位的小规模组织对抗大的政治势力的悠久传统。是此，社会的框架就形同虚设。但人们总得遵循一些惯例和规则，所以跟官方组织平行的地下社会便有了民众基础。

多少个世纪以来，人们普遍认为，由强悍的人来执行的私法更有效，更能伸张正义。另外一个原因，西西里遭遇外来侵略的历史过于漫长，使地区民族性格两极分化，人们要么逆来顺受，要么不惜牺牲生命来维护尊严和生活传统。最后一点，西西里历来是农业社会，而且土匪活动猖獗，为了维持自身利益，各个封建领主都拥有私人武装，这个私人武装的头领逐渐演变成包税人、转租土地者的二领主。因为拥有武力，这个阶层的人以家族为核心发展成了独特的地方势力，对上可以把雇主架空，对下层百姓又大肆敲诈勒索。而且，他们在某种意义上确实维护了地方上的安宁，所以他们又是普遍受尊敬的。这些人便是后来所谓教父的原型。

Mafia，也就是“黑手党”一词，最早来自西西里的一部方言戏剧，大致意思是“美丽、勇敢、强悍”，类似现在流行的“酷”的说法。比如西西里人形容一匹马强壮优雅，他们会称赞道：“好一匹mafia骏马。”19世纪中期，一个西西里人跑到美国西部淘金，在那个组织了一个叫作mafia的社区。后来，他的第三代传人，名字叫作堂维托的传奇人物回到西西里，在19世纪末，成了西西里西部第一代黑手党教父。堂维托虽然是个文盲，但凭借天生的犯罪团伙的领袖天赋，组织成了真正有规模的黑手党家族联盟。他们黑白两道通吃，非法和合法生意都做，并且拥有相当大的政治势力，成了西西里的影子政府。

20世纪30年代，墨索里尼法西斯党掌握意大利权力，堂维托没有意识到跟官方合作的重要性，并且在1923年，墨索里尼访问西西里期间，大大戏弄了他一番，甚至还指示手下，在集会后把墨索里尼的礼帽偷了。墨索里尼恼羞成怒，责令莫里将军前往西西里，对黑手党大肆围剿。莫里将军是以非法的手段在叫作甘集镇的地方镇压黑手党的，几大家族首领未经审判便被宪兵处决，几百名黑手党分子或被收监，或被流放。1926年，堂维托也被关了起来，最后死在监狱里。从此黑手党在西西里销声匿迹了十几年。

在对西西里黑手党的围剿中，有一个二号人物漏网了，他的名字叫堂卡罗·维其尼。这个人虽然跟前任堂维托一样是个文盲，但更有政治远见，早在混迹黑手党中层的时候，就曾经挽救了一个法西斯党徒，这个党徒后来做了法西斯的外交部副部长。有了这层保护，他曾有16次躲过了牢狱之灾，后来成了堂维托的继承人。

堂卡罗·维其尼是个远比前任复杂的人物，他跟当地官方和匪徒都有亲密关系，既贪得无厌，大肆搜刮财富和土地，又慷慨仗义，古道热肠，在地方主持所谓公道。他没有政治信仰，是典型的机会主义者，但同时也是个有远见的阴谋家。他先是投靠法西斯作为靠山，但在二战期间，又热烈盼望英美联军赶紧打到西西里，可以帮助他重振黑手党。

这个机会终于来了。1943年7月，英美盟军在西西里南部登陆。有一天，堂卡罗所在的小镇上空有盟军的飞机飞过，并扔下一个包裹，里面只有一个黄色的小旗子，上面有一个大写的L字母。这是从美国他曾经保护过的一个黑手党首领那里发来的信号，要堂卡罗帮助美军。他立刻嘱咐手下，诱捕了驻守附近的意大利军队首领，并用他做要挟，使所管辖的部队投降。与此同时，他亲自为美国远征军带路，袭击了德军炮兵阵地，扫清了前进道路，为美军长驱直入西西里首府帕勒莫立下了功劳。这样，他获得了美军的充分信任和感激。他把一车车粮食无偿送给美军，同时也借助美军的卡车，把更多低价收购的粮食，以数十倍的价格贩卖给黑市，从而赚取了大量金钱。

按当时堂卡罗·维其尼的名望，战后做个意大利政府部长都不是没有可能的，但他的志向不在于此。他只接受了一个镇长的职位，更喜欢在当地以一个乡绅的面目出现。每天早晨，他到教堂做完祷告之后，就在广场上散步，此刻就有一拨又一拨人来找他谈话。向他请教的什么人都有，黑手党徒、小业主、商人、军人、学生家长等等，他们向他倾吐心声，倾听他的建议，然后带着满意的神态离开他，离开之前还不忘吻他的手，表达尊敬和感激之情。但每隔一段时间，人们就会在山上的一个小路上发现一具或几具尸体[1]，而且，他的帮忙不是没有回报的，他以恐吓和欺诈手段，大量收购土地和房产，成了当地的首富。

但堂卡罗·维其尼不是什么行侠仗义的英雄，他在15岁时就把邻居的一个女孩子弄怀孕了，还拒绝跟这个女孩结婚，最后被对方家长威胁。他吓得跑到山里，加入了匪徒行列。隔一段时间之

---

[1]人们请求教父帮忙，其中就有请求执行私法、除掉仇人的内容，所以过几天就有人死在山路上。

后，当他再回到镇子上时，身上别着手枪。女方的家长无奈只好忍了。但堂卡罗做的总算像个男人，他给了女方家里一大笔钱，把这个女孩子送到了美国的亲戚家里，以免在当地被人瞧不起。

他没有什么风流倜傥的相貌，个子矮小，因为有风湿病，身体佝偻着，但他有一双洞穿一切的眼睛，而且很少露出微笑。我觉得他跟朱利亚诺匪徒的关系最能说明他的为人。

朱利亚诺匪帮是当地最为强大的武装土匪势力。当美军撤离之后，当地形成了权力真空。堂卡罗·维其尼在幕后支助当地政客鼓吹西西里脱离意大利独立，甚至把西西里称作美国的一个州，希望得到英美的支持。此刻的匪帮，被堂卡罗推到前台，称作独立军。但当这个妄想破灭之后，堂卡罗又怂恿朱利亚诺匪帮袭击拥有左翼背景的党派竞选集会，杀戮了包括妇女和儿童的不少左翼支持者，结果使右翼的天民党获得了高票。接下来，他又勾结天民党政权，收买匪徒内应，谋杀了匪首朱利亚诺。最后，他们又在狱中毒死了那个叛变的匪徒，以便灭口。这样，朱利亚诺匪帮被歼灭，但谁也不知道堂卡罗从中起的关键作用。他仍然是受人尊敬的乡绅，一个有着慈爱面目的长者。

堂卡罗手眼通天，拥有巨额财富，很大的社会影响力，但只有一个人他摆不平，那就是他年轻的妻子。这个女人是堂卡罗从罗马一个贵族家庭娶来的，那个家族看中了他的财势。但堂卡罗文盲的粗野本性，土豪的做派，使这个女人一直鄙视他，冷淡他。堂卡罗于是找到一个心腹为他出谋划策，这个家伙给他出了一个绝妙的主意，于是堂卡罗立刻开始行动。那是在1919年，堂卡罗还只是个高层黑手党徒，但他居然能鼓动西西里的首席长官邀请意大利国王来访问。国王来到之后，发现西西里街道整洁，治安良好，非常高兴。在帕勒莫的主教堂，国王参加了为欢迎他举行的弥撒。弥撒结束后，西西里大主教突然把一个婴儿抱到国王面前，请他祝福。虽然事先没有这个日程，但面对众人和媒体，国王无法拒绝，最后给孩子洗了礼。按照传统，这就等于承认这孩子是国王的教子，而且当时就颁发了证书。

在意大利，国王的教子不过百十人，都是名门望族的后代。而在西西里被国王收为教子的这个孩子，却是堂卡罗和年轻妻子的儿子。这一切都是堂卡罗的心腹出的主意，由西西里当政者、宗教高层和黑手党具体执行的。儿子被国王收为教子，这无上的荣光，这使向来瞧不起堂卡罗的年轻太太从此对他崇拜得五体投地。

国王给黑手党首领的儿子洗礼这个事件本身并不重要，但它却具有巨大的象征意义。为堂卡罗出了这个鬼主意的军师，以这种方式最好地诠释了黑手党在政治上的潜在力量，而且了解这种力量能够外延到什么程度。这家伙通过堂卡罗的引荐，后来爬到了梵蒂冈银行行长的高位。他大肆贪赃枉法，甚至还有谋杀教皇保罗一世的嫌疑，却始终逍遥法外。看来美国电影《教父》第三集当中讲述的故事不是空穴来风。这是题外话，按下不表。

堂卡罗也不是什么慈善绅士。在他的主持下，除了一般的非法生意，西西里黑手党还制毒贩毒，其规模在当时是欧洲之最。他虽然继承了上一代教父的传统，但是，为了利益，他也打破了老一代所遵守的规则，为后来意大利和美国黑手党的越发腐烂、残暴和贪得无厌埋下了种子。

他是少有的寿终正寝的黑手党首领。他77岁病死时，送葬的规模简直可比国王葬礼的排场。而且，他被公认为是“一个正直和受人尊敬的人”。其实，他是西西里黑手党组织一个承前启后的关键人物。

黑手党的问题在今天和以往一样，非常复杂。如果这个组织只是匪徒式的黑帮，那就能够被彻底铲除。但是，他们在做非法生意的同时，也大量参与一些合法生意，比如建筑业、运输业和金融业。他们的组织成员还渗透到经济、政治和军事等社会各界，形成了神秘又强大的网络。

如果利用墨索里尼时代莫里将军的方式打击黑手党，那等于破坏法律的公信力。这个风险是任何正常的社会都是承担不起的。还有，黑手党在组织形式上是多头和松散的，半隐半现。当代官僚机构的效率在对抗黑手党方面，只能起到割韭菜的作用，无法连根拔掉。最后，也是最重要的，在意大利，官方的很多做法在人们看来，跟黑手党也没什么区别。这样，犯罪与无辜在人们的意识中就变得模糊不清了。

一个意大利学者说得好，黑手党就像社会各种弊端的显性状态，就是说社会机体本身有毛病，黑手党就是以这些毛病为基础的显性病变。怎么能够根治黑手党，这个问题，就跟探讨怎么能够根治意大利社会各种问题一样，谁也没法一下子给出答案来。

跟大海结婚

还是把威尼斯比作跟大海结婚的仪式性舞台更为贴切。在那里，虽然每年有近2000万游客到访，据说大部分人是怀着对夕阳余晖的那份怀旧感而来。但谁知道那里的真假？

威尼斯是个由编造的传说、木头桩子、露天建筑博物馆、无休止的商业博览会组成的水上城市。探讨这个城市的真实面目是徒劳的。在那里，一切要么是外来的，要么是半真半假的，包括掺和了淡水的海水和既不是陆地也不是海床的泥滩。威尼斯是个真实的幻象，为了证实自己的存在，在数不清的各种仪式中，最大的仪式被称为“跟大海结婚”。每年的耶稣升天节（复活节后40天），在圣马可教堂的弥撒之后，威尼斯总督要乘着礼船来到丽都岛（Lido）旁一处海水与潟湖交汇的地方，把一个长颈瓶中的圣水倒入交融的水流中，随后把一枚黄金婚戒抛入水中，并念诵道：“啊，大海，我们娶你为妻，以示真正永久的统治。”

这是我所知道的最奇特的婚约，这里的“奇特”是它的镜像效果，也就是说大海和威尼斯互为镜像。从这一点上看，大海确实应允了这个婚姻，因为威尼斯的一切都是大海提供的反射。从常识着眼，镜中所反映出来的东西，不可能是绝对真实的。例如，威尼斯是从何时建立的？它的圣马可飞狮意味着什么[1]？

公元828年，威尼斯商人从埃及的亚历山大偷来圣马可的遗体。而到了13世纪，有一个故事被编造出来，说圣马可在传教途中遭遇风暴，并在上帝的保佑下来到利雅得（现在是威尼斯的核心地方）避难。这时有一个天使显现，向他宣布：“请平静，马可。你终有一日将安息于此。”这个传说中有两点很有意思。第一，因为威尼斯的贫瘠，偷盗已经成了生活其中的人的固有品质之一，据说别人到某处圣堂瞻礼，无不怀着虔敬的心态，而威尼斯人若在其中，就会琢磨：“我能为威尼斯偷点儿什么回去？”第二，威尼斯人相信他们编造的故事的合法性，因为这有利于对外树立形象，也有利于经商赚钱。

[1]圣马可是威尼斯的主保圣人，《圣经·新约·马可福音》的作者。他的标志是一头带翅膀的狮子。

如果说大海新娘是变幻莫测的镜子的话，那么威尼斯就是这个镜子的附属部分，类似把手、镜框等等。我们知道，玻璃镜子是由威尼斯人发明的，凡尔赛宫的镜厅就是威尼斯工匠的杰作。即便今天，威尼斯对玻璃的迷恋在世界范围内也是首屈一指的。对此，有位学者说得好：玻璃是实体化海洋，“由‘可熔石’与‘凝固液’制成，恰如其分地转化了威尼斯水陆之间的地理位置。”

没有大海，威尼斯什么都不是，而如果没有威尼斯，亚得里亚海（地中海的属海）有一千年的历史就会缺少太多戏剧性成分。早年的威尼斯没什么辉煌可言，到那里躲避战乱的人就跟泡在水里的咸鱼差不多。他们的家园是由杉木、橡木和松木桩子打到烂泥里托起的窝棚构成的。人们在那里打鱼，造船，进行小规模生产和近海贸易。威尼斯人真正崛起为大海主角的关键时期是公元1204年（详情见下一章），他们打着“十字军东征”旗号，结果摧毁了东罗马的拜占庭帝国，瓜分了这个古罗马残存部分的八分之三国土，这个事件直接决定了基督教和穆斯林在地中海的地理版图，一直到今天。从那以后，威尼斯的海上商路向四面八方辐射开来，他们经营的都是今天我们叫“奢侈品”的高档商品，例如丝绸、香料、玻璃器皿、毛皮、奴隶以及珠宝和黄金。这个四分五裂的，用桥梁、水巷和舟楫连接起来的弹丸之地，居然成了最早重商资本主义的城市典范，为后来的荷兰和英国树立了榜样。在地中海中有那么多的岛屿，好多岛屿的地理条件和人口数量都远远优于威尼斯，但为什么单单一个威尼斯成了霸主呢？我想，回答这个问题要从三方面入手，第一是威尼斯人的内在品质，第二是他们的政治组织，第三是他们的勇于进取、敢于拼搏的精神。上述三点，其他地方的意大利人都不大具备，因此哪怕到今天，威尼斯人也不情愿自己被称作意大利人。

什么是威尼斯人的内在品质？那就是十几万个体形成的一个共同的生存目的：尽可能地利用对大海的掌控经商赚钱，随之而来的就是用赚取的财富愉悦自己。18世纪，典型的威尼斯花花公子卡萨诺瓦说："我这辈子的主业就是纵情享乐，我从来不知道还有什么比这更重要的事。"回过头来看，威尼斯人编造的起源故事，不是为了虚荣，而是为了使自身的历史看起来体面，好在贸易关系中处在有利地位，关于圣马可的虚构也是出于同样的动机。在威尼斯的文化中缺少哲学思考，人们宗教意识淡薄，也没有多少令人陷入思索的画作，更没有悲剧。如果了解威尼斯最著名的剧作家哥尔多尼就会知道，他一生写了250部戏剧，全部都是喜剧。为什么会这样？因为威尼斯人认为思索与悲伤会令人的内心纠结，陷入玄想从而意志消沉，这对经商赚钱是有害的。如果说大海是实体化的玻璃，那么在威尼斯人心目中，金钱就是实体化的生活。在威尼斯，有好多跟金钱有关的格言——"金钱是我们的另一种血液""钱生钱，虱子生虱子""人无钱就如身无魂"，等等。英国剧作家本·琼森的一部戏剧中，主人公威尼斯人起床时说道："早上好，新的一天；早上好，我的金子。”

把十几万人统一在一个意志下，这个意志不是独裁，也不是寡头，而是“富人有，富人治，富人享”的制度化表达，做到这一点很不容易。威尼斯在政治治理方面一时间成了欧洲城邦国家的表率。威尼斯的政府机构复杂透顶，从最底层的全体大会开始，往上有大议事会、参议院、执政团、十人委员会、总督。选总督的方式更是令人眼花缭乱。选举日的那天早晨，执政团中最年轻的成员先在圣马可大教堂下跪祈祷，然后走入广场，拦下第一个见到的男孩儿，这孩子就成了“选票员”。他从总督府的一个瓮中把写有提名人选的纸片抽出。随后大议事会从30人选9人，接着从9人选40人，再从40人选12人……这些数字不是递减的，而是跟波浪一样上下起伏。最后，总督以能把小学数学老师难死的方式选举产生。设计这种繁琐选举方式的唯一目的，就是为了剔除个人诡计和特殊利益，这绝对有利于公共团结。因为是民选总督，他的权力就受到很多限制，而且往往上任时年事很高，所以威尼斯的国策不可能由一个人说了算，这就形成了中世纪难得的民主局面，这种民主是从商人的集体意识中产生的。理论上说，买卖应该是一种互惠关系，那就必须摒除门第、阶级、宗教信仰、人种等等羁绊。因此可以说，威尼斯实现了欧洲第一个资本主义民主制度。在这个制度中，最令人胆寒的是所谓10人委员会，他们有权对伤害威尼斯利益的人进行秘密处决，他们获取信息的渠道第一是通过暗探追踪，第二是收获匿名举报信。所以在威尼斯，狮子口往往是匿名举报信的信箱入口，在那里，“沉默是金”算是常识了。流行的威尼斯面具，其中有一种必须用嘴咬住，戴上以后就无法开口说话了。

威尼斯的海上贸易，在其黄金时代里（13~15世纪）涉及了地中海所有地方，甚至远达波罗的海和黑海，个别商人已经到达远东（比如马可·波罗家族）。在赚得巨大财富的过程中，不可能不跟其他国家和地区发生纠纷。在这些纠纷中，威尼斯的外交水平是超一流的，他们的策略是“谨慎，小心，迂回，缓和而实用”。他们的外交官基本都是间谍，因为政府要求他们必须“报告其从出使的国家是否学到了值得明智的参议员们倾听思考的东西，以利于祖国”。这其中包括对方国家的军事准备、经济条件、最高统治者的健康状况和性格等等。所以，威尼斯的大使，用18世纪英国外交家亨利·沃顿的观点说，就是：“为了自己的祖国被派往国外说谎的正人君子。”如果这些国际纠纷无法和平解决的话，在诉诸武力方面，威尼斯人绝不手软。只有区区十几万人口的小国，在地中海跟拜占庭帝国、土耳其和热那亚人缠斗不止；在陆地上，威尼斯人甚至以一己之力对抗法国、西班牙、奥地利和教皇国组成的圣神同盟。虽然力量悬殊，屡屡战败，但威尼斯人从没倒下。有人这样形容威尼斯人，说别的意大利人就像驴子，一个挨打，其余的一哄而散；而威尼斯人是猪，一个挨打，其余的聚到一起一哄而上。

1797年，拿破仑的军队进入威尼斯，威尼斯千年历史算是正式告一段落。据说拿破仑把圣马可广场称为“欧洲最美丽的客厅”。从此这句话就成了形容威尼斯的陈词滥调。拿破仑那么小的个子，拿这么大的客厅该怎么办？所以他和他的军队不久就匆忙退场。我觉得，还是把威尼斯比作跟大海结婚的仪式性舞台更为贴切。在那里，虽然每年有近2000万游客到访，据说大部分人是怀着对夕阳余晖的那份怀旧感而来。但谁知道那里的真假？比如，过去的圣马可钟楼倒了，现在人们排长队登顶参观的钟楼，是按照原样于1902年重建的。威尼斯建筑的石头，亦新亦旧，上面都落满鸽子屎，但当地的工匠拆旧补新，甚至都不是按照圣马可钟楼方式复原，而是随心所欲，只要符合舞台效果即可。威尼斯的建筑除了正面会装饰得富丽堂皇，但背面和外人见不到的侧面都被偷工减料了，因为舞台就是这样。游人经过一座小桥，看到一条贡多拉船停靠在水巷里，对面建筑的阳台上摆放着天竺葵，大家都赞叹不已。由此他们忽略了水巷散发出的那股霉味，也没人在乎这种摆设的过度人工痕迹。威尼斯的神话还会继续发展下去。在意大利有种传说，如果被鸽子拉屎在身上，就是好运的象征，于是好多人跟鸽子拍照。而威尼斯人对外宣称鸽子是地区精神的一部分，它们就跟建筑元素一样，是“鲜活而柔软的灰色砖石”。但有多少人知道，威尼斯人曾尝试过捕杀、诱捕和给鸽子结扎？据说最终放弃驱赶鸽子的原因在于，一方面它们不容易消灭，另一方面，在广场上售卖喂鸽子的谷物的生意，能养活19个威尼斯家庭。贡多拉船是另一桩大生意，但威尼斯人本地人从来不坐，因为那个黑色小船看起来像个移动的棺材。威尼斯对旅游的发明创造已经到了极致，他们设计了一个传说：如果你在大广场的佛罗里恩咖啡馆或夸德里咖啡馆坐的时间够长，每一个你生命中的故人都将最终经过你的面前。所以，那里的一杯咖啡就堂而皇之地卖十几欧元，如果外面有音乐演奏，再加4.5欧元，小费不算在内。

一切都是生意，从这个意义上说，威尼斯从未死去。现在的威尼斯人跟他们的祖先一样，习惯于这种舞台化的不真实感，因为这对他们有利。如果有利，威尼斯人是什么都肯做的。古老的犹太岛上矗立着一个希尔顿酒店；利雅得桥旁边，有一个LV旗下的大型免税商店开业不久。但这一切并不妨碍维瓦尔第的音乐到处飘扬，圣马可大教堂里的人络绎不绝。你要近距离观赏黄金祭坛吗？需要买票；你要上到大教堂二层观赏那4匹从君士坦丁堡抢来的铜马吗？需要再买票，而且那些马是复制品。怪不得有人把圣马可教堂比作一个金盆洗手的海盗之家。

参加“跟大海结婚”这处戏剧是需要随礼的，威尼斯人历来懂得这个，作为永不衰老的新郎，威尼斯眼下推广和营销的是它的终极商品——它自身。就因为这个，我彻头彻尾地喜欢威尼斯，因为它真实地表达了幻觉，而它自身又时时体现出了资本主义的本质特征。

那些在威尼斯吃饭被宰的游客有权利抱怨，但他们至少应该事先看看菜牌的价格，而不是硬装大款。至于我，具体说，喜欢威尼斯也许是因为喜欢那种互惠互利的商业关系。记得有一次，我的一个年轻客人在从外岛上渡轮时太过兴奋，手掌抚摸着码头栈桥上的松木杆子，结果一个大木刺深深扎进指甲里。威尼斯的医院是没空接待这种病号的，再说我们也没时间。我们回到陆地，为了这个孩子，我们一车人去外岛一家餐厅吃饭。我事先跟老板打过招呼，去吃饭的前提条件，就是想办法把这个孩子手里的刺取出来。那个老板答应了我。到了饭店之后，老板打发一个伙计陪同那个孩子去医院。一小时之后，他们回来了，那孩子做了个小小的手术，木刺取了出来，我们也吃完了饭。这一切表面上看既简单又顺畅。但是，了解西方医疗体系的人知道，这是相当难的事情。医院为餐馆客人行方便，是医生也得吃饭，所以得讨好餐馆；而餐馆为我提供额外服务，是因为我有百十次带人去威尼斯的经历，而且还会不断去。就是说，我是一个大客户，他得把跟我的关系搞好，这对他是有利的。

在本文的最后我得强调一下，我不在乎这篇文字是否虎头蛇尾。因为跟大海结婚也好，还是跟某甲某乙结婚也罢，所有的婚姻都是一样的，从轰轰烈烈到锅碗瓢盆。这对威尼斯也是一样的，只是那里的人把所有的细节都当成了重大仪式的一部分而已。

威尼斯的1204年

你可以从中看到政治正确的神圣招牌，看到战争行为背后的利益驱动，看到种族和宗教分歧的致命恶果，看到权力欲的毒药是如何渗入人的骨髓里，还能看到一帮乌合之众是如何引火烧别人，最终烧毁自己的。

公元1204年，对威尼斯来说，是历史上承前启后的年份之一。在此之前，威尼斯只是一个处在亚得里亚海尽头的岛国，除了忙于生意，也占领了对岸巴尔干边缘一些次要的地方。在此之后的威尼斯逐渐变成周边地区的霸主，直到16世纪环大西洋的港口崛起，威尼斯在地中海的贸易垄断地位丧失，再加上对外战争的受挫和天灾人祸，才使威尼斯逐渐走向衰败。

单纯讲述一个历史事件，可能会满足人们对故事的好奇心。

但若是从大处着眼，没有一个历史事件是纯粹的过去时态。就拿1204年有威尼斯参加的第四次十字军东征，占领君士坦丁堡来说，你可以从中看到政治正确的神圣招牌，看到战争行为背后的利益驱动，看到种族和宗教分歧的致命恶果，看到权力欲的毒药是如何渗入人的骨髓里，还能看到一帮乌合之众是如何引火烧别人，最终烧毁自己的。

这一章，我们来了解一下，号称是“世界之都”的君士坦丁堡被法国、威尼斯等国组成的十字军洗劫的前因后果。读完我的讲述，再想想古今中外的其他一系列屠城事件，从中会看出不管地域多么遥远，民族千差万别，也不管时代差了多少年，这些事件生成的主要原因都有惊人的一致性。

宗教分歧，是拉丁人和拜占庭的希腊人相互仇视的第一个原因。君士坦丁堡是拜占庭帝国的首都，而拜占庭帝国，也被称作东罗马帝国。在罗马帝国西部灭亡之后，又残存了10个世纪。拜占庭帝国是希腊文化的嫡传者，信奉东正教。理论上讲，东正教和罗马天主教一样，都是从原始的基督教发展变化而来。但是，它们之间的分歧大得无边无岸，其焦点问题在今天看起来简直就是吹毛求疵。比如说三位一体，即圣父、圣子、圣灵，还是圣父、圣子和圣灵。后一种理论来自东正教，强调一个“和”字，意思就是强调圣灵不是赐予和属性，而是一种物质，居于从属地位。再比如圣餐礼应该用发酵面包还是死面饼，还有就是教士应不应该结婚，该不该留胡子等等。

我们现在无法想象这些所谓被上帝启示过的宗教人士，为这么些琐碎问题打得头破血流，到死也不开窍。其实，能说清楚的，是这种分歧背后真实而隐秘的动机，那就是争夺基督教世界最高权力。而谁又能忽视随权力而来的实际利益呢？！

第二个原因，罗马天主教会和天主教各个国家组织的前三次十字军东征，无论宗教联系还是世俗方面的近亲关系，反正都属于外国的军队在希腊人的鼻子底下经过。都使拜占庭的希腊人对他们的劫掠和羞辱非常厌恶，以致想跟异教徒穆斯林联合起来，灭了西部教派的几个伟大国王领导的十字军骑士。

另外，拜占庭的贸易和商业特权一直由外族人操纵，这些外族人就是威尼斯人、热那亚人和比萨人。随着他们建厂房、购买土地和房屋，他们的天主教文化和习俗也被带了进来。

宗教、东征和利益三者的蚕食，再加上拜占庭本国皇帝对天主教的偏爱，使希腊人忍无可忍，最终发生暴乱。在那次暴乱中，有多少天主教徒被杀已经无法数计，光是被卖给穆斯林做奴隶的就有4000人。一个罗马的使节、红衣主教的头被砍下来，绑在狗的尾巴上拖过街头。而且据说，仅仅是据说，后来的威尼斯总督，恩里科·丹多洛的双眼就是被希腊人弄瞎的。

这种仇恨是一定要报复的，但需要时间、机会和适当的借口。

12世纪末年，教皇英诺森三世一上台，就鼓吹收复圣地的必要，他许诺所有亲自到巴勒斯坦服役一年，或找个替身服役两年的人，都可以免除一切罪恶。他的号召，得到了意大利、法兰西和日耳曼地区一些二流亲王的响应，但是，他们这些人再积极，毕竟对海运一无所知，于是他们想到了威尼斯。

法兰西的贵族派了六名代表去说服威尼斯。威尼斯的总督就是恩里科·丹多洛，据说他当时已经超过90岁，但头脑却跟一个伟大统帅的地位相匹配。丹多洛总督是典型的威尼斯人，不会被收复圣地这种空泛的事业所打动，他算计的是运送十字军的船费、到君士坦丁堡复仇以及借此扩张自己的领土。但是，他隐藏了自己的动机，把6名法兰西贵族代表交给了具有宗教狂热的民众。

在威尼斯圣马可教堂内外，聚集了上万名民众，代表们的姿态也做得非常具有煽动性。一个代表说了如下的话："杰出的威尼斯人民，我们奉法兰西最伟大、最强有力的贵族的差遣，前来请求大海的主宰的帮助，前往解救耶路撒冷。他们命令我们匍匐在你们脚下，你们不签订同我们一道为基督所受的委屈复仇的盟约，我们就绝不从地上起来。"

当时威尼斯人的赞同声，好像天崩地裂一样那么响亮。事情就这样定了下来。随后，威尼斯人倾全国之力准备了一年，而当十字军开始在威尼斯集结时，按照条约应该付给威尼斯的船钱差了

威尼斯小景

威尼斯小店

最少一半。恩里科·丹多洛总督等待的第一个机会就来了，他要求十字军先去攻打背叛威尼斯、转而效忠匈牙利的城市扎拉（现在的克罗地亚城市扎达尔），作为运费的补偿。

与此同时，拜占庭的王子阿列克塞[1]正穿过意大利，听说了这个消息后，立刻奔赴十字军而去。扎拉城被十字军攻下之后，遭到洗劫。军队决定就在那里过冬。王子阿列克塞此刻在十字军内到处游说，保证说如果十字军帮助他和他的父亲恢复皇位，拜占庭将付一大笔钱，而且他将说服拜占庭的人民全部归顺罗马教廷的最高权力之下，君士坦丁堡还可以作为收复圣地的桥头堡。

这样的条件，不管阿列克塞能不能兑现，对恩里科·丹多洛和法兰西贵族来说，根本无法拒绝。于是，大家签订了条约。十字军的矛头就转而指向君士坦丁堡了。

据罗马史学家爱德华·吉本说，多少时代以来，亚德里亚海都没有出现这么强大的一支舰队，总共由480艘各种战船和运输船组成，总兵力达到了4万人。其实这个数字比较起君士坦丁堡来说，简直不算什么。那里有40万可以拿起武器的人，总人口也许超过200万。

---

[1]在拜占庭内部，一个昏庸的皇帝伊萨克被自己的弟弟推翻，并被挖去双眼，锁在监狱里。而王子阿列克塞当时还太年轻，篡权的叔叔饶他不死。暂时给阿列克塞一条生路。这件事情按残暴统治的逻辑，做得相当傻。结果阿列克塞逃了出去，在西西里找到了避难所。

但是，希腊人喜文不好武，而且民众和教士有一个奇怪的传统，对当权者唯命是从，而如果当权者失败，又迅速转向，对他落井下石。篡权的皇帝在敌军还没到达时，表现出一派轻蔑之色，而当兵临城下，他又慌得一塌糊涂。十字军的代表跟皇帝有一次象征式的谈判，条件被拒绝后，开始攻城。时间是1204年4月。

威尼斯人从君士坦丁堡的港口，而法兰西人从另一个方向开始进攻君士坦丁堡。最为滑稽的是，守卫滩头的7000多希腊士兵，还没等法兰西人上岸站稳脚跟，就已经逃得无影无踪。这个时候，篡权的皇帝似乎刚刚醒过来，表现出了暂时的勇气，率领手下开始抵抗。在港口方面，威尼斯人在他们瞎眼的总督的感召下，一举拿下了全部防御塔楼。这个总督既然看不见，想来也就无所畏惧了。随后，他们又去增援法兰西人。

激战一天之后，各自收兵。但君士坦丁堡篡权的皇帝，在战役还没分出胜负的时候，趁着夜色溜了，把自己的孩子老婆全部抛弃不顾。拜占庭的元老们立刻把关在监狱里的瞎眼老皇帝请了出来，请求他登上皇位，并请求他的宽恕。

这一转变来得太过突然。第二天，当十字军准备重新开战时，城门居然四敞大开，以瞎眼老皇帝为首的君士坦丁堡元老院和民众热烈欢迎解放者的到来。这期间，老皇帝自然免不了跟自己的儿子，王子阿列克塞一番拥抱唏嘘，暂时按下不表。

十字军的条件非常简单，东部帝国归顺教皇，再交出20万马克的白银。“这些条件太高了。”老皇帝谨慎地说。但还是保证让他们的满意。就这样，拉丁人的军队住在君士坦丁堡城里，这些好勇斗狠的武士免不了闲逛，因为一点小小纠纷就跟当地人大打出手，最后放火烧毁了城市的四分之一，引起民众的仇恨。拉丁军队只好迁到城外驻扎。

王子阿列克塞虽然得到了人们的拥戴，但在他的拉丁盟友和人民之间，到底应该依靠谁，他一直游移不定，再加上拉丁人对债务的苦苦相逼，结果引起了两方面的怨恨。最要命的是，他的瞎眼的父皇，对王子的名望如日中天感觉非常痛苦。

这样，希腊人失去了耐心，他们组织起来，公然在元老院征集新皇帝，但没人敢接受这个必死的角色，哪怕这个角色叫作皇帝。最后，按照一个定理说的那样，利益和风险是成正比的。有人终于抵挡不住皇帝这一角色的诱惑。王子阿列克塞最信任的一个大臣率先发难，把阿列克塞和瞎眼老皇帝一起骗了出去，然后杀掉，自己称帝了。这样，十字军就没有任何顾忌，他们发誓要为他们的盟友阿列克塞复仇，也不管他之前如何拖欠款项。然后向君士坦丁堡发起进攻。

这件事情最为蹊跷的是，这第二个篡权的皇帝跟第一个完全一样。尽管第二次围困君士坦丁堡，对于威尼斯和他的盟友来说要困难得多，但是，伪皇帝再勇猛，也挡不住他手下人的贪生怕死。吉本说：“我需要在这里描述一下那保卫着皇帝安全的1000

人，在一个单枪匹马的敌军勇士刚走过来，还没举起他的长矛便逃散的情景吗？”据说这些希腊人看到的不是一个武士，而是一个幽灵，像巨人一般令人惧怕。

经过几天鏖战，第二个篡位者也跑了，城里的希腊人举着十字架投降。于是大火和抢劫开始。在最初的几个小时烧毁的君士坦丁堡的面积，相当于3个法兰西最大的城市。纵火、抢劫和强奸在城里持续了几天。最后，因为严厉的惩罚，使拉丁人稍稍收敛了一些。

按照命令，军人们把抢劫来的财宝堆满了三个教堂，而这只是不得不交出的部分。被抢劫者巧妙藏匿的，要比这多得多。这些财富，按照军阶和地位在拉丁人中分配，最后光是留给法兰西的钱财，也要超过向王子阿列克塞索要的三倍不止。吉本大叔说：“那究竟值多少，我能想到的最好的办法是估计那约等于英格兰王国全年收入的7倍。”

而威尼斯人得到的实惠也许更大，它占领了相等于拜占庭帝国八分之三的国土，而在随后的贸易和其他商业活动中所获得的利益，更是没法数计。

后来，希腊人还是恢复了对拜占庭的统治，但是，那已经是日薄西山了。往下，这个拥有最大财富、最多古希腊典籍和艺术藏品的王国，在苟延残喘了两个世纪之后，于1453年被土耳其人占领。基督教世界横跨欧亚两个大陆的桥头堡从此变成了伊斯兰城市，一直到今天。

而我们瞎眼的威尼斯总督恩里克·丹多洛，在完成攻陷君士坦丁堡这一伟大使命之后，就死在军中。他的陵墓本来是在君士坦丁堡的圣索菲亚大教堂里，当土耳其人把教堂改为清真寺后，他的遗骨也就不知下落了。

托斯卡纳小城巡礼

在托斯卡纳，在绿色茸茸的丘陵环抱中，在金黄的向日葵田里、在漫山遍野的葡萄藤中，在一簇簇橄榄林里，在弯曲的小路和古老乡镇之间，恋爱是要跟环境一致的，那就是必须开花结果。

多年前，一个美国女作家写了一本畅销小说（又是一个美国女作家！）。故事讲述一个离婚的美国女文学评论家，来到意大利观光，她跟随的是一个同性恋团，到达托斯卡纳之后，偶发奇想，买了一个破败的房子，在此定居下来。她雇人修缮房屋，跟当地人打成一片，甚至还庇护了一对偷情青年男女，使他们终成眷属。她在那个美丽淳朴的地方找到了一切，她再次恋爱、失恋，又恋爱，重新有了创作灵感。不过，她遇到的第一个意大利情人，那个下巴有个豁口的美男子是在罗马，而他们驱车去浪漫的地方在意大利南部海滨城市波西达诺[1]。

这部小说后来被拍成了电影，女主角还获得了奥斯卡奖。对美国人来说，托斯卡纳简直就是身心再造的神奇场所，尤其是对单身的知识女性更加如此。这跟本书第一章讲的不大一样。在罗马，她可能恋爱，但那地方太过严峻，无法保证她的恋爱会有一个团圆结局。但在托斯卡纳，在绿色茸茸的丘陵环抱中，在金黄的向日葵田里、在漫山遍野的葡萄藤中，在一簇簇橄榄林里，在弯曲的小路和古老乡镇之间，恋爱是要跟环境一致的，那就是必须开花结果。这就跟电影中的一句台词说的一样：一个馊主意，也可能是颗种子，说不定就能长出玫瑰花来。

这一章，我们一起去看看意大利的托斯卡纳，聊聊我在那里了解的美酒、美食，还有一连串珍珠般的小城，以及我自己在那些小城中遇到的有趣的事，只是没有恋爱。因为我们大部分时间都是跟赶集一样匆匆忙忙，如果有人能在赶集的路上恋爱，那他的生命估计像蜉蝣一样短暂，因此急着交配。

意大利的行政区划是以大区为单位，托斯卡纳大区在意大利中部，首府是佛罗伦萨，而中心位置是另一个小城锡耶纳。我前几

---

[1]即《托斯卡纳艳阳下》。

天听一个著名学者的音频节目，他居然把锡耶纳叫作耶西纳。这就跟把他的糟糠之妻叫作索菲亚·罗兰一样不可原谅。由此我猜想他大概没去过那里，那我就在开始的时候给这个老师补一课。实在说，关于旅游，没亲自到场，再有所谓学问的人，其能耐也不过是纸上谈兵。

锡耶纳是一个山城，每条窄小的道路都是通向山上一个非常突兀的大教堂的，在去教堂的半路，能转到锡耶纳的市政府广场，那里建筑的格局跟佛罗伦萨的非常像，只是我觉得市政府的塔楼好像比佛罗伦萨的维其奥宫的塔楼还要高，简直就是建筑的长颈鹿。那个广场，每年举办两次古代风格的赛马比赛，还有男子耍旗子的对抗赛，这是展示雄性魅力最佳机会。获胜者可以收到万众喝彩，也可以收获姑娘的爱恋。

夜晚，在没人的时候，这个广场显得粗粝和空旷，从高处射下的灯光跟广场汇集在一起，让人感觉这地方是托斯卡纳古老的心脏，那些灯光的颜色就跟血液一样，而且广场的建筑，无论用什么广角镜头拍照，照片里的塔楼都是向内弯曲的，因为那塔楼实在太高了，可以把那认作是这个心脏的主动脉。当我这么胡思乱想的时候，感觉饿了。在广场往下不远的一个小巷子里的饭馆中，我曾经跟朋友吃过一顿终生难忘的晚餐。那个餐馆处在半地下，里面装饰得跟一个城堡的内室一样，既有毛石墙壁，也有精致的吊灯，而且那里的酒菜是超一流的。

古老的榨酒机

其实就是红酒和牛肉，但它们的来路非同小可。在离锡耶纳不远的地方，那里的畜牧场饲养名叫吉安尼纳的肉牛，这种牛通体雪白，肉质在全欧洲都享有盛名。我曾经有一次请一个比利时司机，在另一个叫因瑟扎的托斯卡纳乡间饭店吃了一客这种牛的生煎牛眼儿肉，意大利语叫filetto，也就是菲力牛排。后来这个司机告诉我，他60岁，吃了一辈子牛肉，我请的那次菲力牛排是最好的。我开玩笑地说，那是你没花钱的缘故，所以吃着格外香。他听罢涨红了脸，要掏钱给我。对比利时弗拉芒人来说，没有客套和耍花枪一说，他们非常倔强。所以我赶紧跟他道歉。

还说锡耶纳这家小饭馆，吉安尼纳的菲力牛排就是那里的招牌菜，还有，意大利境内最好的红酒之一，吉安蒂经典（Chianti Classico）也出产在附近。要是用一句话概括这种瓶颈上有一只黑公鸡标志的酒，那就是妩媚，是阳光加亲吻的味道。这两项搭配，就算意大利的国宴也无非如此。更令人感觉舒服的是那个服务员，一个年轻的意大利小伙子给我们开酒，他那套动作和表情，好像刚在广场上耍旗子的比赛中获奖一样，帅的不得了，给这酒的品尝平添了几分优美仪式的成分。再加上沙拉菜和甜点，那晚上吃喝得有些醺醺然，回到酒店房间期望做一个骑在白色牛背上耍着彩色旗子的梦。实际情况是，睡得跟死猪一样。

第二天早晨，我们俩开车进到山里，去看看离锡耶纳30多公里的几个城堡。山路的两侧，是高大的冷杉树，把天空遮蔽得成了一条直线，那种翠绿，好像随时都能滴下来，变成绿色的雨水。车子开了40多分钟，突然一个巨大城堡的围墙矗在眼前，这是个产酒的城堡，从17世纪就开始营业了。进入城堡院落，但见古老房子的围墙上爬满藤蔓，几件做酒的老旧工具待在角落里。里面静悄悄的，只有一个门是半掩的，里面是空无一人的餐厅，装修得古色古香。我跟朋友说道：咱俩如果是两个姑娘，那门口会突然出现一个意大利帅哥，是城堡第13代伯爵后人，是这个城堡和附近葡萄园的继承人，而且他还有一个比他还帅的弟弟。

而实际上一个人也没有。

我朋友回答说，这就是为什么但凡写意大利艳遇的书，都是女作者，这里的梦境氛围，是专为女性提供的。

接下来几天，我们拜访了达·芬奇的故居，被称作“托斯卡纳的曼哈顿”的圣吉米亚诺村，随后，我们去了比萨。在比萨到佛罗伦萨之间，有两个小城我是无法忘记的，一个是卢卡，一个是蒙特卡提尼。

先说卢卡。当年恺撒、庞培和克拉苏，也就是古罗马的前三巨头，他们结盟的地方就是这里。中世纪的卢卡是个独立的共和国，现如今，这个小城还有非常完整的城墙。从城门进去，路过的第一个醒目的地方是普契尼的故居。户外还有一个这个大作曲家全身的坐着的雕像。无论从普契尼的气质和相貌上看，还是回顾他的歌剧作品，比如《图兰朵》《托斯卡》等等，都没法用大地方和小地方的地域观念来看待他。也许意大利的文化没有地方主义的局促，是具有普遍意义的。例如西西里的兰佩杜萨亲王写的小说；那不勒斯的大师克罗齐搞历史和哲学，出生在小城亚历山德里亚的翁贝托·艾柯是学界的通才，小说、符号学、哲学、美学都玩出了世界级水平。

我们随后到达了卢卡城中心的圣米歇尔教堂。圣米歇尔是《次经》里除掉恶龙的天使，也是卢卡的保护神。这个教堂应该算是罗马式和哥特式建筑，最有趣的是，这个教堂正面的大理石立柱各个颜色不同，据说教堂的兴建来自各个家族的捐款，为区别不同家族，所以柱子的颜色不同，而且捐得越多，柱子排的位置越高。

越过教堂再往前，就从另一个方向出了卢卡的城墙。注意，这要是在中世纪，我们就出国了。城外有一条小溪，有绿草和野花，还有远处的树丛，背衬着蓝天和小朵云彩，那里安静得就跟一幅风景画一样。

最后一个要说的是离卢卡不远的另一个小城蒙特卡提尼。这地方在比萨到佛罗伦萨的半路上，也是旅行团的停靠站。我在那里住过无数个夜晚，只有跟朋友那一次是白天去到的。因为是白天，我反而觉得这个小城平凡得很。过去带团来蒙特卡提尼都是黄昏，小城唯一一条主街上店铺很多，人也很多，都是当地人，他们坐在咖啡馆门前，或者就那么走来走去，大声说笑着，好像是什么节日似的。其实那都是些日历上最平凡的日子，但你无法弄明白为什么当地人那么兴致勃勃。

我每每在街上逛一圈之后，回到酒店。这家酒店是温州青田人开的，说实话，硬件挺差，我的房间里有一股子臭脚丫的味道。但我下到餐厅就能把房间里的味道忘得一干二净。老板姓陈，小眼睛，留一撮小胡子，脸孔总是红红的。他虽然对管理房间卫生方面马马虎虎，但却非常豪爽仗义。他经常把我领到厨房，打开冰柜让我自己选吃的，有时是鱼，有时是牛排，有时是他们家自己包的饺子。菜选定之后，他就拿出来成打的、叫朗布鲁斯克的意大利泡沫葡萄酒，还有成箱的啤酒，陪着我们使劲喝，而且全部免费。

我对蒙特卡提尼的记忆有两个，第一是头天晚上大喝一通，第二天早晨昏昏沉沉乘车去佛罗伦萨，借着头天晚上的酒劲儿大聊佛罗伦萨、文艺复兴什么的。第二个就是为了醒酒，我跟一个法国司机还有那家酒店雇佣的一个罗马尼亚女服务员一起去外面买冰激凌，我们举着冰激凌，一会儿说法语、一会儿说意大利语，我到着急时干脆说大连土话，他们也各说各的，但意思大家都能明白。

买冰激凌时往往是深夜，我纳闷这地方治安怎么这么好，有时能看到一些黑人，不过聚集在火车站一个公共电话亭，给家乡打电话，好像一些向家长汇报学习成绩的中学生一样乖巧。那个法国司机是个老江湖，他给我讲了一个故事，我这才明白了蒙特卡提尼为什么如此祥和安宁。

他说他有一个朋友继承了一笔遗产，因为喜欢托斯卡纳，于是来到了蒙特卡提尼，租住了一个乡间别墅。他的租期是10年。这个别墅相当讲究，还有游泳池。有年夏天非常热，也非常干旱，他家周围的绿地有些枯黄了，他找到社区负责人，说自己不游泳，不如把一池子水用于浇灌绿地吧。那负责人谢过他，把一池水用上了。

这本来是件有公德心的小事。但从此他每次去缴税，都被拒收。在意大利，租赁房屋要上缴土地税，考虑到他的别墅很大，税款不是小数目。刚才说他每次去交土地税，都被工作人员告知，土地税已经交过了。后来，工作人员干脆告诉他，他十年内的土地税都交过，他不用再来了。为此，他做了一点私人调查，原来蒙特卡提尼是个温泉疗养地，又深在托斯卡纳腹地，这里风水宜人，西西里的黑手党五大家族在这里都建有别墅，他家旁边就是一个黑手党老大的绿地。他那一池子水贡献了出来，老大觉得他这人很够朋友，因此派人出面免了他十年的土地税。有时，他在蒙特卡提尼一家上等餐厅吃饭，结账时，服务员说不用了，有人已经代他结过账，甚至他给小费，服务员都拒绝收。那时，邻座几个上了年纪、衣着讲究的男人朝他礼貌地笑着点点头，但从不交谈。

这样的地方，社会上扒手、抢劫犯之类的小混混根本待不下，一定夹着尾巴溜掉。所以蒙特卡提尼才成为托斯卡纳的治安模范小城。

我最近一次在蒙特卡提尼过夜也远在8年以前，我有时能碰到给我讲故事的法国司机，我们共同缅怀在蒙特卡提尼度过的那些难忘的夜晚。我们再三感慨，如今，那个总是乐呵呵的罗马尼亚中年妇女哪去了？我自己大谈佛罗伦萨的那股子激情哪儿去了？还有那个酒店的陈老板，据说他把酒店卖了出去，自己又开了一家日本餐厅。估计卖的饭菜一定是温州青田味道的，好在意大利人吃不出区别来。

上帝战胜重力——比萨斜塔的故事

比萨斜塔的故事很奇妙，它证明了建筑虽然是人造的，但一旦被建成，就有了自己的意志，好像有机体，既抵御自然的侵蚀，也对抗人为的干预，成了独立的生命，见证历史，也很好地诠释了建筑和人之间微妙的关系，他们之间既相互依赖，又相互较量。

从中世纪开始，意大利中部托斯卡纳地区各个小共和国、自治领地就有建立高塔的传统，其目的是为了彰显自己的实力。这就跟小个子的人总是挺着胸脯一样，希望自己显得挺拔一样。就拿一个小城圣吉米亚诺为例，当年那个地方建了许多座塔，现在存留下来的还有13座，所以有人称那地方叫“托斯卡纳的曼哈顿”。

据史料记载，托斯卡纳地区当年一共有2000多座塔。但无论多少塔，存留的、已经倒掉的或者剩半截的，都没有比萨的塔出名。比萨斜塔最早兴建的目的，肯定不是要往斜了建，但地质状况、人为干预和这个塔自身的意志，使比萨斜塔成了意大利境内最著名的古典建筑之一。但凡来到比萨的游客，对这个10万人口的城市本身并不太感兴趣，但都会来到城市边上的叫作奇迹广场的地方，瞻仰那里的一组建筑群：比萨大教堂、洗礼堂、圣公墓，尤其是比萨斜塔。

比萨斜塔的故事很奇妙，它证明了建筑虽然是人造的，但一旦被建成，就有了自己的意志，好像有机体，既抵御自然的侵蚀，也对抗人为的干预，成了独立的生命，见证历史，也很好地诠释了建筑和人之间微妙的关系，他们之间既相互依赖，又相互较量。

托斯卡纳地区有一条河流，叫作阿诺河，经过比萨注入地中海，因为多个世纪的泥沙堆积，比萨已经退后了10公里，变成了临近海岸的内陆城市。如今，人们来到这个连5层楼都少见的小城，无法想象当年的比萨是一个海上强国，在邻近地区，只有热那亚可以与它抗衡。比萨的海军一度驰骋地中海近海海域，所向无敌。11世纪，比萨海军侵入西西里，掠夺了大量财富，满载而归。比萨人用劫掠的财富的很大一部分，建造了一个规模宏大的教堂。这个教堂，对中世纪流行的罗马式建筑进行了大规模改进，例如三角墙和下面具有透视感的立柱，比罗马式的盾牌型正立面要显得轻盈和美观了许多，侧墙一系列装饰性的半突出的柱子，也把罗马式的那种厚重和呆板做了修正。在建筑史中，比萨大教堂是罗马式

比萨宗教建筑群

和地方主义结合的完美典范。接着，比萨人又在大教堂的对面修建了圆形的洗礼堂，还有侧面的圣公墓。下面，比萨这组建筑群的最后一个角色，钟楼便正式登场了，时间是1173年8月。[1]

我们还来说比萨斜塔。这个塔的选址是教堂侧后方的一个高处，但地基土质太软，下面还有一个地下咸水湖，是古代海岸边缘。当这个塔建到3层时，就向北倾斜，于是工程停止了，人们在上面挂了一口钟，整座塔就跟一个只长了一半的巨人一样，模样应该是挺滑稽的。

近百年之后，对钟楼的修建重新开始。按照设计，它应该是8层。因为重心的偏移，人们就在相反的方向增加材质的重量和长度，希望把地基摆正。假如这个目的实现，比萨钟楼也不可能是直的，而是弯曲的，就像一根大香蕉。实际情况是矫枉过正，比萨钟楼再建过程中开始向相反方向倾斜，也就是南面，因为这一侧过重。对此，人们毫无办法，只能再次停工。又经过相当长时间之后，这个难产的巨婴终于在1372年完工，在第8层上面，人们还加修了一个摆放大钟的顶层，一共有7口大钟，因为怕斜塔倒掉，这

[1]说到这里要补充一下，意大利的天主教建筑如果规模过大，一般都是分开的。而且这么浩大的工程，不可能在短时间内完成，我们只是为了理解的方便，才把比萨这组建筑的兴建排出了次序。另外，比萨斜塔的实用功能是钟楼，是教堂的附属部分，没有教堂在先，光是建一个钟楼是不合情理的。其实，这组建筑群，先后在14世纪才最终完成。

些钟从来没撞响过。这又是一大滑稽事儿，人们建钟楼，建成了一个弯曲和倾斜的哑巴。

比萨斜塔非常美丽，它是中空的圆形建筑，主体用的是混凝土，外层围绕着大理石柱子，整个塔身都用大理石贴面。有人把它戏称为“小柱子围成的大柱子”。它倾斜的速度非常缓慢，当年比萨最著名的建筑家和雕刻家乔万尼·比萨诺曾经做过塔身的倾斜测绘。后来经过测算，267年，才倾斜了5厘米。我说它像一个生命体，其根据就在于它介乎于矗立和倒下之间，这非常像生命在慢慢衰减，但这个过程又体现出它顽强的抵抗力。既抵抗地心引力，也抵抗自身的受力不均。

对比萨斜塔的真正威胁来自人为的干预。1838年，一次工程使比萨斜塔倾斜突然加速。在当地一个工程师的主持下，人们把密封的地基部分挖开，要查看土质情况和已经下陷的第一层。结果地下水冒了出来，比萨斜塔失去了原有的平衡，一时间倾斜了20厘米。这相当于10个世纪的自然倾斜速度。

进入20世纪的墨索里尼时代，在所谓重振罗马帝国雄风的狂热中，比萨斜塔也被考虑在内，人们在塔基处钻了300多个孔，往里浇灌了70吨混凝土，但没起什么作用。

意大利除了山地就是冲积平原，在平地上建的建筑似乎地基都有问题。1902年，威尼斯的圣马可钟楼倒塌了，幸运的是倒塌得比较缓慢，没有造成人员伤亡。接下来，帕维亚的一个塔楼在没有任何预警的情况下，突然在15秒钟内倒塌，还砸死了一些人。

比萨斜塔的第二次威胁也是来自人为。1944年夏季，盟军跟德国纳粹在意大利开战正酣。在比萨的美军受阻于德军的一个高处火力点，前方侦察人员怀疑机枪火力来自比萨斜塔。指挥员命令，如果情况属实，就可以通知炮兵摧毁比萨斜塔。那是千钧一发之际，侦察员望着美丽的斜塔，动了恻隐之心。他迟疑了，没有通知炮兵。当比萨斜塔上方的机枪再次响起的时候，美军又突然接到撤离的命令。就这样，比萨斜塔躲过了一劫。这里还有一个小插曲，在整个二战期间，布防在比萨的意大利法西斯高炮防空部队，一架盟军飞机也没有击落，倒是把比萨斜塔一根小柱子打掉了。这又一次证明了意大利人是以喜剧的态度参战的。

20世纪90年代，人们用更精准的设备测量比萨斜塔之后，吃惊地发现比萨斜塔倾斜了5.5度，而理论上说，它倾斜的临界点是5.44度。也就是说，它本来应该倒下，但却没有倒。专家没法解释这是为什么，只能说是上帝战胜了重力。比萨斜塔如果倒了，其灾难性后果不可想象。它离大教堂非常近，同时周围又有好多商业设施，游客密集。专家们给出警告，比萨斜塔在30年内随时都有倒塌的危险。于是斜塔关闭，周围围起栅栏，同时在倾斜的反方向，贴近塔身，放置了重达600吨的铅块。经过测量，塔身往回摆正了几厘米。这是比萨斜塔从建成起第一次有了正面数据。

但这个应急措施只能是暂时的，一堆铅块和一个古典塔楼，无论如何也不能相融合。于是意大利政府组织了一个拯救比萨斜塔的专家委员会，向全世界募集拯救方案。

这些方案五花八门，例如在塔里种树，用树根盘住塔基；在塔的一侧建一个小埃菲尔铁塔，从那里伸出一条钢缆锁住塔身；或者在塔的上空放一个巨大的热气球，从上面吊住斜塔，好像腰椎间盘突出的病人接受牵引术一样。这些方案都很有创意，但实行不了。最后，委员会决定还是加固倾斜一侧的塔基，其办法仍然是浇灌混凝土。但问题是混凝土的水泥部分在凝固以前就可能被地下水带走，所有，这个方案另附有辅助措施，就是在浇灌混凝土的同时，往地下注入液态氮，冷冻地下，这样可以使混凝土迅速凝结。但是，他们忽视了一个基本常识，物体结冰后会膨胀。

在浇灌混凝土和冷冻地下的第三天，经过测量，冷冻的混凝土因为膨胀，把塔基和塔身部分拉开了。工程立刻叫停。一个美国土壤学专家后来回忆道，那几天是最难熬的，因为工程的失误，有可能造成斜塔倒塌，如果倒塌了，他们这些专家就成了千古罪人。但是，比萨斜塔仍然屹立不倒。后来，专家们开始考虑20世纪60年代一个意大利建筑设计所的方案。当确定可行的时候，工程却没钱了。相关款项的申请在各个官僚机构之间缓慢爬行。没办法，拯救比萨斜塔的事情又无限期拖延下去。

比萨的当地人说，拯救比萨斜塔的行为，充分体现出意大利政府的无能，用了10年时间，雇用了一大堆专家，花费了几千万美

比萨斜塔

元，却毫无效果。当最可行的方案被考虑的时候，又没钱了。比萨斜塔对于比萨当地的财政收入来说，举足轻重。当斜塔关闭，一大堆铅块被压在塔基处，外面又围上护栏，比萨的旅游收入一下子降低了25%。技术上讲，比萨斜塔确实是个难题，这个塔虽然只有50多米高，但重量却是埃菲尔铁塔的两倍还多，达到14000多吨。

最终，一个叫作业挖土法的方案被采用，其实非常简单，就是在塔基倾斜的相反方向慢慢把地基下方的泥土挖出来，利用斜塔自身的重量往回修正。这个措施终于见效了。在斜塔自身的帮助下，倾斜停止了，经过计算，300年内不会有问题。那些丑陋的铅块被移走，比萨斜塔重新开放，游客也越来越多。

我每次去比萨，都会在离斜塔不远的地方找家酒吧坐下来，望着斜塔发呆，就像要跟一个沉默的巨人对话，又无从说起一样。于是，我就把注意力转移到那些游客身上。他们来自世界各地，但跟斜塔合影的姿势却惊人的一致，那就是伸出手掌，做出扶着塔的样子。十几年，上百次，我看到的拍照姿势都一样。我不知道行为学说的解释应该是怎样的，但我想到莎士比亚。他说，第一个把少女比作鲜花的人是天才，第二个这样说的人是庸才，而第三个就是蠢材了。根据莎翁理论，成千上万的人都一样，该是什么才？我不想说什么刻薄话。

想象力和阴差阳错造成了比萨斜塔现在的风貌。比萨人不希望它被扶正，如果是个直塔没人要看，因为这样的塔太多了，稀松平常。当然了，他们最怕比萨斜塔倒掉，那样，没人会去比萨参观游览。它就应该这样斜斜的，既不倒，也不直，像斜塔跟地球引力之间的比赛，还有最后人为干预的成功，这些加起来真是了不起的奇迹。但是，人们为什么一成不变地跟比萨斜塔合影呢？答案是缺乏想象力。在这个工具理性时代，人们恨不能钻进手机和电视屏幕里，想象力变成了越来越稀缺的品质。那个不知名的比萨斜塔的设计者，如果知道现在的人比他那个时代显得退化了许多，一定会在地下笑出声来。

铜门与圆顶
——佛罗伦萨艺术和建筑的登峰造极之作

今天，佛罗伦萨圣母百花教堂的大圆顶，依然像一把赭红色的大伞一样张开在城市的上空，在它的荫蔽和感召下，这个城市涌现出一批又一批伟大的天才人物，为人类文化的各个方面做出了杰出贡献。

建造佛罗伦萨圣母百花教堂大圆顶的建筑就其尺度来说，是当时欧洲最大的，甚至超过罗马万神殿，而工程之复杂和精巧，也造就了一个天才、一个建筑奇迹和一段惊心动魄的故事。

15世纪初，佛罗伦萨出现了两次为艺术品公开竞标的活动。在1401年，竞标的内容是圣约翰洗礼堂的铜门制作，胜出者是洛伦佐·吉贝尔蒂；第二次的规模要大得多，就算在整个欧洲建筑史上也是史无前例的，那就是圣母百花教堂大圆顶的建造。最后担任总建筑师的是菲利波·布鲁奈勒斯基。

按照当时的艺术史传记作家瓦萨里说的，那个时代的著名艺术家相貌都非常丑陋，早年的乔托算一个，画家奇马布埃的名字其实就是他的外号，是“牛头”的意思，通过这个外号你就可想而知他的尊容如何；吉贝尔蒂是个矮胖子，秃头，而菲利波·布鲁奈勒斯基比他更出色，不但矮胖秃头，而且满脸横肉；雕塑家多纳泰罗跟他们不差上下，只是脾气比所有人都暴躁。丑陋和邋遢，这似乎是那个时代艺术家标准模样，所以瓦萨里说拉斐尔面容清秀，就跟天使一样，他的画作还那么杰出，简直是咄咄怪事。

吉贝尔蒂和布鲁奈勒斯基，虽然相貌同样标准，但性格差别很大。吉贝尔蒂第一次中标时才23岁，是个名不见经传的金匠，但处世圆滑，为人随和；而布鲁奈勒斯基性情固执，自大封闭。他们俩竞标洗礼堂铜门的浮雕嵌板都是同一个素材——《圣经·旧约》里亚伯拉罕要把儿子以撒杀死献祭的故事，我在佛罗伦萨大教堂博物馆里都看到过。吉贝尔蒂的样品优美均衡，而布鲁奈勒斯基的浮雕显得更富戏剧性，审美趣味有些超前。他的意图得等到一个世纪之后，由米开朗琪罗才能完成。

竞标失败的布鲁奈勒斯基从此不再动青铜作品，而是远走罗马，研究古代建筑，断断续续在那边待了十几年。当1418年，佛罗伦萨的羊毛工会为大教堂圆顶发标时，他才赶了回来。那时，他已经41岁，没有什么值得称道的作品。但是，这个划时代工程最终选择了他，而跟他竞标的居然是他的老对手，吉贝尔蒂。[1]

前面说过，佛罗伦萨是个城邦共和国，从13世纪开始，因为羊毛制品和布料加工方面的手工工艺高超，逐渐成为欧洲最富裕的地方。有统计说，当时的佛罗伦萨的年收入超过英国。在这种繁荣景象的推动下，城市开始了一拨大兴土木的风潮。其中就包括拆除一个旧教堂，在原址上修建了圣母百花教堂。这个教堂于1296年奠基，接下来的一个世纪，逐渐有了侧墙、立面、三个八角形祭坛、乔托设计的钟楼。到了1366年，教堂的中殿也盖好了拱顶。随后50年，教堂一侧一直放着一个想象中完工的教堂模型，但按照这个模型把比例放大，祭坛上面的圆顶，将是一个史无前例的最高、跨度最大的，当时的佛罗伦萨和整个意大利境内，没有人知道怎么能完成这个圆顶，就算模型的设计者，也不能提供一个切实可行的计划。人们只是抱着一种令人感动的信念，相信上帝有一天会提供解决之道。

当时最有权势的羊毛工会委托两个人制作圆顶模型，其中一个设计了哥特式带扶壁结构的模型，立刻被否决。当时在佛罗伦

[1]在此我要就洗礼堂铜门补充一下：吉贝尔蒂第一次中标建造的铜门是圣经《新约》故事，于1424年安装在东门，也就是朝向大教堂的正门；第二次接受委托，根据《旧约》故事制作的10块铜浮雕镀金嵌板因为更出色，于1447年替换了第一次制作的铜门，安装在了正门上，后面说的这两扇门才被称作《天堂之门》。

萨建筑领域，普遍认为扶壁只是权宜之计，而且丑陋，还有就是考虑到政治因素。哥特式本身代表了法国、德国和米兰的建筑样式，而这些国家都是佛罗伦萨的传统敌人。另一个叫聂里的石匠师傅设计的圆顶模型，成了羊毛工会认可的范本，他的方案是不用扶壁，而是在圆顶基座容易发生断裂处植入一组木头或石头的链条，用以抵抗圆顶自重的压缩力和水平推力。就像铁箍索住木桶的木板一样的原理。

由此，聂里师傅的模型就成了羊毛工会成员的理想，每年新年开始，他们都要在那个模型下发誓完成圆顶的建造。这样一年年过去了，他们所不知道的是，就在离大教堂工地不远的一处大房子里，一个公证人的儿子逐渐长大。他是伴随大教堂增高而成长的，那些石材、木料、冒着黑烟的熔炉、起重设备，对他来说是那么具有吸引力，结果他父亲无法令他继承父业成为公证人，只好把他送入金匠作坊学徒。他就是菲利波·布鲁奈勒斯基。

1418年，菲利波的计划和随后的模型，引起了羊毛工会的注意，也引起了他们极大的怀疑。因为菲利波的计划不需要搭建拱鹰架，这是修建拱顶，在砖石之间的泥灰没有干透，临时起到支撑作用的一组木质结构，他还建议拉高拱顶基座，修建里外两层拱顶等等。关键是，菲利波不向羊毛工会透露他的详细计划，以防有人剽窃。

羊毛工会的成员，认为菲利波，这个身高只有一米六三的秃头胖子简直是在说疯话。而菲利波又是那么倔强，有一次，工会成员甚至让人把菲利波架起来，扔到了街上。

为了说服他们，菲利波向工会成员和其他参与竞标的建筑师，提出一个奇怪的挑战，看谁能把鸡蛋直立在大理石板上。当所有人都失败之后，菲利波把鸡蛋的一头往石板上一敲，鸡蛋立住了。大家说这个谁都能做到，说他作弊，他反驳说，当他把圆顶建起来时，他们也会说同样的话的。

最后，菲利波还是提供了修建圆顶的12点计划提纲。经过详细推敲和论证，羊毛工会成员同意了，但为了谨慎起见，他们为圆顶的建造委托了两个总建筑师，一个是菲利波，一个是他的老对手，吉贝尔蒂。

1420年8月，也就是距离圆顶发标过去了近两年，一小队人，包括工人们，登上了圆顶鼓形座顶端的脚手架，在距地面42米的高处，举行一个小型开工庆祝仪式。他们享用了工程处提供的面包、果品和葡萄酒。这是个历史性时刻，大教堂圆顶，这个伟大的工程正式启动了。

说它是个圆顶其实不准确，它应该是个半圆半尖的拱顶，即所谓五分之一圆顶。根据建筑静力学原理，穹隆的高度和它的水平推力成反比。相比罗马万神殿的纯粹半圆形穹顶，圣母百花教堂的圆顶显得像鸡蛋尖头朝上的形状，这也正暗合了菲利波提出的那个著名挑战，但因为逐渐拉高，所以内壳的基座部分只有2米厚，而万神殿达到了7米。百花教堂的圆顶直径，甚至超过了万神殿，达到了43.7米。

这个工程开工后面临的第一个挑战就是，如何把那么多的石头、砖块和泥灰升到40多米的高空，而且随着圆顶加高，起重设备也要随着把重物提高。同样是通过竞标，菲利波研制的一组用牛来驱动的起重机中标了，这在当时来说是非常复杂的杠杆和齿轮系统，最为先进的是它居然有类似汽车的变速箱的功能，把重物抬高和放低可以由挡位杆来操控完成，这就是所谓的“牛吊车”。这个牛吊车，可以在13分钟内，把450公斤的建材升到空中。

另外，在高空中，他还发明了一个叫作“城堡”的小型起重设备，具有悬垂和滑道，可以根据需要，上下左右移动建筑材料。后面这个叫“城堡”的起重机，还被达·芬奇画进了他的笔记中，被人误认为是达·芬奇的发明。

这两台木质结构的吊车，在没有材料力学理论支持的当时，居然几乎完好无损地工作了十几年，把总重量3.2万吨的建材吊到了半空，这可以说大奇迹中的小奇迹了。

工程的第二个挑战是当石砌的拱顶升到15米，向内弯曲呈30度夹角的时候，已经到了临界状态，再往上发展，在没有拱鹰架的支撑的情况下，怎么能够保证砖石不向内塌陷。 这个阶段，菲利波改用砌砖来代替石头，砖块结实但质地轻，而且他设计的砌砖模式也非常有效，就是在每一米的间隔，就阻断水平排列的砖环，而插入小段落直立的砖块，也就是说，每五块砖便借着两旁的直立砖块锁住定位，这种所谓“鱼骨”式，或叫“人字形”的砌砖，一段段，就变成了能自我支撑的水平拱，能够抵抗来自地心引力的内拉力。据记载，整个大教堂圆顶，共用上了40万块砖头，很大一部分是不规则的，根据菲利波的设计现做坯胎烧制的。

工程的第三个挑战也许更难。这个教堂的圆顶是由八面向内弯曲的墙壁拼接起来的，每两个墙面的中间有起支撑和衔接作用的石梁。这需要把墙壁向内的曲度计算得非常准确，如果差了哪怕几厘米，墙面就无法在圆顶的收口处成功结合。

关于菲利波如何计算曲度，到现在专家们也没有结论。因为菲利波忌讳别人抄袭，也没有完整的工程记录，所以当代的各种说法都是猜测。其中有一种说法是，菲利波在教堂圆顶中心立一个杆子，从杆子的顶端向外拉出绳索，一直到达圆顶基座的边缘，由此他计算出来曲度来。但这种说法肯定有问题，第一，从教堂祭坛处立上一个木杆，需要大约90米，在欧洲，根本找不到这么长而直的树干，另外，拉出的绳子因为自重而弯曲，那计算就肯定有失误。

当然，我们不能随便猜测天才的深度。例如，菲利波有一个数学家朋友，他曾跟这个朋友非常专心地研究过几何学。而这个朋友后来在大教堂圆顶合拢之后，在天窗上放了一块铜板，相当于日晷。他把测量太阳运行的数据寄给了一个葡萄牙朋友，后来这封信辗转到了哥伦布手里，对他发现新大陆有极大帮助。虽然哥伦布矢口否认关于天文学的帮助。

那么，这个数学家朋友是否在测量圆顶曲度上，给了菲利波以启发呢？如果回答是肯定的，那么，以什么方式启发了菲利波，那就不得而知了。

菲利波·布鲁奈勒斯基显然是个工程方面的天才，他在这方面的天才甚至超过达·芬奇，因为达·芬奇从来没把自己的设计变成现实。但菲利波确绝不是像瓦萨里一厢情愿地认为是个善良慷慨之人。他因为最初铜门的竞标就对吉贝尔蒂耿耿于怀，教堂圆顶虽然是以他的方案为准，但在施工中他又跟吉贝尔蒂同样是总建筑师，拿同样3个弗洛林的月薪，他自然非常不满。

于是，在第二道石链铺设的时候，他就突然生病，头上裹着毛巾，身上还敷着药，一副活不起的样子。工程处只好把吉贝尔蒂召唤来监督施工，因为吉贝尔蒂非常生疏，所以工程进度缓慢下来。过了没多久，菲利波又突然好了，健步登上脚手架，对吉贝尔蒂指挥下的完工部分大加指责，而且要拆下重来。这一招果然奏效，工程处有一度解除了吉贝尔蒂的职位，停发工资长达半年之久。与此同时，菲利波的工资却在原来的基础上涨了三倍。

不过像菲利波这样的天才也有走麦城的时候。一次是他自掏腰包，花费了五千弗洛林，制作了一个奇形怪状的叫作“怪物”的驳船，要把卡拉拉大理石通过海运送到佛罗伦萨，结果第一次出航船就翻了，他还得自掏腰包打捞大理石，他不但损失惨重，并且一时间成了笑柄。第二次，是佛罗伦萨跟卢卡开战，在菲利波的主持下，要修建一个水坝，让河水改道，企图水淹卢卡，结果惨败而归。

但是最令人费解的是他为什么那么拼命工作，吉贝尔蒂是为了名望和钱财，他也确实实现了。而菲利波在钱财上马马虎虎，在圆顶修建的后期，甚至因为欠缴会费而被捕[1]。米开朗琪罗拼命工作，很大一部分原因是资助父亲和兄弟们，而菲利波根本没有家庭，光棍一个，也不在意吃穿。

后来，我在稍晚于菲利波的另一个多才多艺的人写的对话录中找到了部分答案。这本书是一个叫作阿尔贝蒂的人写的，据瑞士的文艺复兴专家布克哈特记载，比较达·芬奇，阿尔贝蒂是先行者。他在对话录里虚构了一个哲学家和一个银行家在已经建成的大圆顶下，讨论如何抗拒抑郁寡欢的手段。哲学家列举了一些振奋精神的传统疗法，比如美酒、音乐、女人和运动。最后他得出结论来，最有效的方法是，幻想那些能够用来创造“伟大神奇事物”的巨型吊车和起重机。

---

[1]当然，他的被捕，也许有政治阴谋在其中。因为柯西莫·美第奇无疑是铜门和大教堂圆顶背后的金主，他是菲利波的主要赞助人。柯西莫被流放，跟菲利波被捕一定有联系。

在我看来，阿尔贝蒂不如干脆说：最有效的抗抑郁方法是幻想创造伟大神奇事物本身。再进一步说，如果生活的平庸是抑郁不振的根源，那干脆就去尝试接触伟大神奇的事物。这个，其实就是文艺复兴那些大艺术家、作家和学者的共同追求。

1436年，也就是圆顶开工的16年之后，圆顶的主体工程完工，圆顶墙壁超过了预期的要求，高于地面85米以上。当然，距离彻底完工还需要很长一段时间，圆顶上面还要修建一个灯笼亭，圆顶的外壳还要砌上赤色陶片，还有大理石贴面等等，但是，这些都是次要工作。

总之庆祝完工的时机已经成熟了，当地主教登上圆顶，砌上最后一块石头。这时，喇叭和横笛齐鸣，教堂钟声大作，周围建筑物的屋顶上挤满了围观的群众。几个总建筑师和羊毛工会的负责人走下圆顶，享用了丰盛的宴席，跟16年前那个半空中的小型聚会相比，这是又一番景象。佛罗伦萨人梦想了70年的圆顶，终于在菲利波·布鲁奈勒斯基的天才设计和指导下完工了。

10年后，也就是1446年，菲利波·布鲁奈勒斯基去世了，享年69岁。吉贝尔蒂虽然在圆顶修建上，完败给了菲利波，但1447年，他终于完成了洗礼堂的天堂之门。

许多年之后，当年迈的米开朗琪罗来考察布鲁奈勒斯基的杰作，为圣彼得大教堂圆顶设计做准备时，说了如下的话：我可以设计建造同样大小的圆顶，但绝不可能比这个更优美而有力。

经过了5个多世纪的风霜雨雪、地震和战争的威胁，今天，佛罗伦萨圣母百花教堂的大圆顶，依然像一把赭红色的大伞一样张开在城市的上空，在它的荫蔽和感召下，这个城市涌现出一批又一批伟大的天才人物，为人类文化的各个方面做出了杰出贡献。所有这些，现在回顾起来都令人内心激动和感恩。而菲利波·布鲁奈勒斯基，就是撑开这把大伞的天才中的天才。

第二部分

意大利这出大戏

意大利这个国家是怎么建立的

如果说历史在文化的诸多形式当中，最接近戏剧，那么，意大利的民族振兴运动，最终使整个亚平宁半岛统一，成立了意大利王国，本身就是一出大戏。

这本书从开篇到现在，我也不知重复了多少次“意大利”这个词，但是，仔细推敲起来，在19世纪70年代之前，根本就没有一个作为独立的、主权国家的“意大利”的存在。

在远古的大希腊化时代，意大利是希腊人对亚平宁半岛南部的称呼，意思是“牛犊之地”，也许特指那地方的富饶。罗马帝国的奥古斯都时代，“意大利”变成了对整个半岛的称呼。但它并不是一个国家，因为罗马帝国要比它大出许多，它只能算是罗马诸多行省当中的一个核心省份，就像现在中国的河北省。而到了中世纪封建割据时代，意大利仅仅是个地理名称而已。

那么，意大利这个国家到底是怎么建立的呢？这牵扯到19世纪那段波澜壮阔的历史。如果说历史在文化的诸多形式当中，最接近戏剧，那么，意大利的民族振兴运动，最终使整个亚平宁半岛统一，成立了意大利王国，本身就是一出大戏。下面，我就按照上述说法，把意大利成为一个国家这一主题事件，依据戏剧的原则建构起主要框架来。

意大利统一这出历史大戏的前奏，就是法国大革命和拿破仑对意大利的征服。虽然拿破仑的征服是掠夺性质的，但是，亚平宁半岛大小诸侯国，被大炮和法国人带来的革命精神震醒了。这种精神包括人权、立宪、法制等等，从根本上动摇了亚平宁半岛自中世纪以来混乱的旧体制。

随着拿破仑在滑铁卢战败，1815年的维也纳会议上，欧洲各封建势力重新复辟，亚平宁半岛的北部最重要的两个大区，伦巴第和维内托（米兰和威尼斯所在的大区）落入了奥地利帝国的统治之下。但是，意大利再也不仅仅是一个地理名词，也不可能倒退到法国大革命之前的、被称作“死人的土地”的状态中。有三种思想渗透到起领导作用的阶层当中，我们姑且把这个阶层笼统地称为中间阶层。这三种思想是，第一，个人权利，包括个人自由和思想言论自由；第二，国家仰仗于集体的支持，集体应该设法左右国家的方向；第三，各国有在自由独立的生活中生存和发展的权利。

而意大利存在着一个民族传统，一个文学和共同历史的意大利民族。这种民族感情，从对过去辉煌历史的回忆，以及现实被外族压迫的苦难中得到加强，这就是意大利人渴望独立、渴望复兴的总的前提。

在这样前提下，这出戏剧的第一个主要人物出场了。他就是号称意大利统一四大国父之一的马志尼。

朱塞佩·马志尼1805年出生于热那亚，早年加入反奥地利的地下组织烧炭党，遭捕后，被关押了一段时间，后来流亡到了马赛。在关押和流亡期间，他的思想逐渐成熟，于是他在马赛发起成立了名字叫“青年意大利”的组织。

马志尼被誉为“民族统一事业中的摩西”，意思是他为意大利统一指明了道路，这就跟摩西为犹太人指明了神赐予的乐土一样。马志尼的核心思想概括起来是“人民和上帝”。马志尼认为，他所指的人民，不仅仅是意大利人，而是在完成统一的事业中，意大利人民应该肩负拯救人类这一光辉使命，使统一事业变成全体人类事业的一部分。在意大利的指导下，联合起来的反对现存政府的各民族人民必将建立自由的、团结的民族社会，这种社会的合作，必将产生一个按民族集团组成的新欧洲，同新欧洲一起，必将产生一个联合的、解放了的人类，它们一起向着无限的、神的理想化境界前进。

那么，什么是他的神的、理想化的境界呢？马志尼期望借助反对天主教神权政治，把“暴君式的上帝”改造成“自由和进步的上帝”。他的主义是在改革社会和政治结构之前，必须革新人们的意识，在人们的心灵深处进行一场变革。这非常像耶稣基督的主张，在意大利的历史上，还没有第二个人把民族统一的事业上升到如此崇高的地步来看待。

马志尼的主张虽然脱离了当时的意大利现实，不免流于空泛，但他是革命口号的发明者、神话的创造者和集体情感的首倡者。从他开始，意大利民族复兴，有了明确的方向。应该承认，他是意大利统一这出大戏的策划者。就仅仅从这一点来看待马志尼，他就不朽了。

但是，马志尼作为一个鼓动家，缺乏切实可行的组织能力，1848年在罗马，也就是第一次统一战争，他所鼓动和组织的起义都悲惨地失败了。意大利还要两次统一战争的磨砺，才能最终完成统一大业。

于是这场大戏的第二个和第三个主要人物登场亮相了，他们是皮埃蒙特——撒丁王国的国王，维克多·艾曼纽尔二世和他的首相加富尔。

1848年，短暂的罗马共和国被奥地利人摧毁了。首都位于都灵的撒丁王国拥有半自治的权利。尽管国王是个雄心勃勃的人，但他的梦想也只限于统一意大利北部，把奥地利人赶出去而已。首相加富尔是个精明、现实和善于利用权术的政治家，如果回顾历史，他很符合马基雅维里的政治理想。

在党派林立的国家内部，加富尔动用各种手段，促成了中间派的联合。出身贵族的他，既对宪政抱有信心，不至于使王国倒退成为集权制，又对极“左”的冒进具有天生的反感。促成中间派的联合，确保了王国在国际国内事务上，一支不偏不倚的中间力量能起到兼容并蓄的作用。

对外，加富尔是个典型的现实主义者，他深深懂得，要想驱逐奥地利的势力，光凭意大利一盘散沙的微弱力量是办不到的，必须借助外力。因此，他不惜割让尼斯、萨伏伊地区给法国，以换取法兰西第二帝国的支持。为了给撒丁王国争取国际地位，从而使国际社会关注意大利问题，他甚至支持本国军队参加了对俄国的克里米亚战争。

在这次战争之后的巴黎和会上，撒丁王国的代表就以合法身份参加了，这也许是第一次有意大利代表出席的欧洲国际会议。这样，在外交方面形成一种局势，那就是1815年的维也纳会议所固定下来的国际秩序将被打破，意大利的统一拥有了外部条件。1858年，皮埃蒙特与法国结盟，不仅割让给法国人土地，还有王室的联姻，也就是拿破仑三世的侄子娶了撒丁国王的女儿。

皮埃蒙特利用组建军队，宣传统一等手段诱使奥地利开战。果然，次年的四月，奥地利人给皮埃蒙特发出最后通牒，要求该国解除武装。这就导致了第二次独立战争。战争初期，法国和皮埃蒙特的联军大胜奥军。但事情到了节骨眼上，拿破仑三世突然变卦，也是因为伤亡惨重和顾忌国际社会的反应，他没有把奥地利人一鼓作气赶出意大利，而是求和。结果是奥地利人仍然占有威尼斯等地。这使加富尔非常气愤，因为这一切都没有征求他的意见。

这个时候，这场大戏的第四个重要人物终于登场，他就是名震天下的加里波第将军。

加里波第出生在尼斯，而尼斯当时是皮埃蒙特属地。他早年加入了马志尼的“青年意大利”组织，因为在热那亚的起义失败，而远走南美洲。在那里，他成了义军首领，领着部下为进步和正义事业辗转征战。他是意大利近代史上最具传奇色彩的人物，既有古代侠客的风范，又是一个身经百战的将军，最后居然能寿终正寝，这不得不说是个传奇中的传奇。意大利在争取独立的每次战争中都有他参加。他经常身披南美毯子，带领他的红衫军冲锋陷阵。关于他最流行的传记，居然是法国作家大仲马写的。甚至林肯都曾经向他发出邀请，要他领导美国南北战争中的北方军队。

加里波第在得悉故乡尼斯被割让给法国之后，对加富尔非常反感。第二次独立战争之后，因为西西里农民暴动，反抗那不勒斯的皇家军队。加里波第立刻组建了志愿军，号称“千人团”，乘船到达西西里。一路上，加里波第的军队势如破竹，不但解放了西西里，而且长驱直入那不勒斯。结果统治西西里的西班牙波旁王朝、两西西里王国的军队被击败。

到了这个时候，皮埃蒙特国王和加富尔才意识到，意大利统一是可行的，而且已经由加里波第基本完成了。在此之前，他们希望的不过是意大利三份天下，即北部的皮埃蒙特王国、中部的教皇国和南部的那不勒斯王国。但加里波第的胜利使他们立刻采取行动。在国王艾曼纽尔二世的直接领导下，皮埃蒙特的军队被派往亚得里亚海岸，攻占了除了罗马以外的所有教皇国属地。两支意大利军队汇合了。1860年11月8日，加里波第把意大利南方交给了皮埃蒙特国王，并宣布他为意大利国王。但他拒绝了任何报酬，解甲归田了。

于是，意大利只剩下奥地利人占领的威尼斯，还有教皇属地罗马，半岛的其余部分实际已经统一。加富尔组织了全民公决，并组建了第一届意大利国会。1861年2月18日，意大利王国诞生了。

当然，这个戏剧故事讲到这里，还没有收尾。1866年，普鲁士和奥地利发生战争，意大利加入了普鲁士一方。这就是第三次独立战争。尽管意大利的军队表现不佳，但普鲁士人胜利了。战败的奥地利把威尼斯交还给了意大利。

1867年，加里波第组织了对罗马的进攻，因为教皇国得到法国军队的支持，加里波第失败了。但是历史的潮流是无法阻挡的。1870年，普法战争开始，法国战败，守卫罗马的法国军队被迫撤离，意大利军队于9月20日在遇到些微抵抗之后，开进了罗马城，教皇国只留下梵蒂冈那么一块弹丸之地。意大利全境到此完全统一了。

意大利统一这场大戏的四个主要人物，又被称为“四大国父”，他们之间的关系怎么样呢？加里波第虽然在年轻时追随马志尼的主义，但后来，这两人因为政治理想、性格等方方面面的原因，产生了相当大的隔阂。马志尼一直在意大利国内过着流亡的生活，至死也不接受君主制。他的主要功绩，除了宣传鼓动和著书立说之外，还有就是他所领导的政治运动，到今天形成了意大利共和党。

加富尔跟马志尼的处世之道天差地远，他一向排斥马志尼。他跟国王的关系也非常微妙，一方面，没有国王支持，他的一切行为都缺少合法性；另一方面，虽然忠诚、认真、小心翼翼地替国王效力，但他敢于直言，敢于责备和告诫国王。所以，他们经常吵来吵去，有时他甚至对国王讲出这样的粗话：“见鬼！殿下。”加富尔虽然是个务实的政治家，但也真心热爱意大利，竭尽全力促成统一大业，同时他又是个虔诚的天主教徒。因为领导统一事业，他无法被教皇原谅。但临死的时候，他还是要找一个天主教神父听他的临终忏悔。在最后时刻他握住神父的手说：“教士、教士，自由国家，自由教会。”

如今的意大利主要城市广场，都有维克多·艾曼纽尔二世的雕像，但在我看来，那雕像的基座部分，是由加富尔撑起来的。没有加富尔的掌舵，意大利的统一有可能走向极端，就像后来的德意志帝国一样。可惜他过世得太早，才51岁。他没能等到10年后，军队开进罗马的那一刻。令人心寒的是，艾曼纽尔二世国王，连加富尔的葬礼都没参加，可见他们君臣之间的隔阂有多大。

加里波第的伟大，也许要超过上述三人，他是这出大戏真正的戏剧性主角，因为关键情节是由他来推动的。尽管在尼斯割让给法国这个问题上，他终生没有原谅加富尔，但他还是能以民族统一的大业为重。在他身上，体现出了最好的意大利人的品质：侠义、慷慨、浪漫、有理想、心胸开阔，智勇双全。同时，他也是那个时代，以及所有时代，意大利人最具国际人道主义精神的代表。他之所以没有担任美国的北军统帅，是他提出了“解放黑奴”的前提条件，而林肯认为时机还没有成熟，因此拒绝了他。

后来有学者这样评价加里波第，说他是那个时代唯一没有瑕疵的伟人。

上述四个关键人物，相互之间矛盾重重，勾心斗角，又能够互为利用，取长补短，最终完成了国家的统一。还有比这个更富戏剧性的人物关系吗？

意大利的统一，从君主立宪，走向今天的共和制。在这期间，自然有两次大战和墨索里尼的法西斯专政这些波折，但是，作为一个主权国家，它没有因此而解体。自19世纪70年代到今天，这片古老土地上的人们所拥有的年轻的国家，无论有多少不尽如人意的地方，对保护文化成果来说，依然是整个人类文明史中一大幸运之事。

也谈《意大利文艺复兴时期的文化》

阴谋、武装、联盟、行贿和背叛构成这一时期意大利的表面历史。

——布克哈特

到底什么是文艺复兴?

就观念来说。14世纪的一些著名作家和学者(比如但丁、彼特拉克和薄伽丘等)同时参与世俗和神学方面的官方事物,在不得不面对古典文化的时候(比如拉丁文和希腊文的研究),他们自小接受的基督教育便遭遇古典文化的冲击:“希腊人对人体美。对自然、对自由及城邦观念的热爱,与罗马人的历史意识,政治权力及坚强意志混合在一起了。”

关于“人文”的概念,“按西塞罗的说法,这是一种‘人文学科’，即对希腊、罗马时期的自由人来说至关重要的学问，其中包括语法、修辞（说话的艺术）、历史、诗歌和道德哲学等等，它们教导一个人如何说话、如何读书、如何写作，成为一个文化人。人文主义者就是对受过这种教育的人的称呼，人文主义则是历史学家给15世纪这种整体现象所起的名称，文化的‘再生’或‘文艺复兴’就是它所引起的文化运动，它使湮没了数百年之久的文化和价值观念获得新生”。

瑞士文化史学家雅克布·布克哈特的《意大利文艺复兴时期的文化》一书，分成六篇，汉译本长达500多页，而作者居然管它叫“一篇论文”。

该书的第一篇名字很有意味，叫“作为一种艺术工作的国家”。当然这里的国家特指意大利。那么，这是怎样的一个国家呢？从13世纪开始，意大利半岛处在极度混乱的政治局面中。小的封建领主、半土匪式的雇佣军队长、所谓大王朝的暴君和寡头家族都在其中兴风作浪，另外还有神圣罗马帝国的外部干预和教皇的争权夺势，并在各个国家内部形成皇帝党（吉柏林派）和教皇党（归尔甫派）。

布克哈特笔下的意大利大小暴君荒唐得一塌糊涂。例如比萨的阿盖罗总督“手持金王杖出游，并在他住房的窗口出现，像‘圣骨被供陈一样’，偃卧在锦衾绣榻之上，由膝行的侍从把他当教皇或皇帝一样地侍奉”。米兰有一代维斯孔蒂公爵，把狩猎野猪当成了最重要的国家大事，谁要是妨碍了这种狩猎，就要受到酷刑致死。战战兢兢的人民被迫饲养了5000头猎犬，并对于它们的健康和安全负绝对的责任。锡耶纳的暴君潘多福·佩特路奇“使人从阿绵达的峰顶向下滚大石块，砸坏什么东西或什么人都在所不计，以为夏日的消遣”。雇佣军队长掌握政权是意大利那一时代的丑闻，但他们自身也在四处的敌意中危如累卵。如果打了胜仗，他们就成了危险人物，可能被雇主处死；而打了败仗，就会变成复仇的对象。一个极端的故事这样讲道：一个城市（可能是锡耶纳）的人民因为给他们服役的军官把他们从外国人的侵略中解放了出来，每天商议怎样酬谢他。结论是即使立他为那个城市的君主，也不足以酬报他的大恩。最后一个人站起来说：“让我们把他杀了，然后把他当作我们的保护圣徒来崇拜吧！”于是他们就这样做了。

往大了说，日耳曼的各个皇帝，虽然都垂涎意大利，但除了暂时的强力之外，他们都缺乏法理的、民族的和文化的正当性，而且他们对意大利的权利企图，总是受到天主教廷强硬的阻挠。而天主教廷的神圣性，在中世纪也大打折扣。据传11世纪一个女子代替死去的丈夫出任教皇，她的性别居然很长时间没被辨认出来，直到一次圣驾出巡时，她在马上生出了孩子为止。为了避免这种尴尬的局面再次出现，从那以后，教廷每次选举新的教皇，最后一道程序是让候选人脱光，坐在中间有一个窟窿的凳子上。枢机主教团委派一个年轻修士从凳子的窟窿下面摸候选人的下体。当这个年轻修士高呼“他有睾丸！”主教团才欢呼雀跃，感谢上帝确认了一个新的人间代理人。这大概是传说，但真实情况比这种荒唐毫不逊色。例如教皇约翰二十三世是海盗出身，亚历山大六世和他儿子的荒淫和残暴到了被人称为“神圣的魔鬼”的程度。无论如何，布克哈特说道：“意大利的暴君却与此不同（比较欧洲北部），他渴求声誉和热衷于不朽的事业……他和诗人、学者为伍，感觉自己有了一个新的地位，的确，他感到自己几乎有了一个新的合法的根据。”

关于那个时代的外部政治环境，布克哈特一言以蔽之：“阴谋、武装、联盟、行贿和背叛构成这一时期意大利的表面历史。”

但是，那个时代还是有例外的，例如威尼斯共和国和佛罗伦萨共和国的政权就相对公正稳定（主要指15世纪后半程，从老柯西莫·美第奇到洛伦佐统治时期）。尤其是佛罗伦萨，其“最高尚的政治思想和人类变化最多的发展形式在佛罗伦萨的历史上结合在一起了，而在这个意义上，它称得起是世界上第一个近代国家”。为什么会是这样？可能有经济、政治和地缘等诸多原因，但人的觉醒应该是最重要的，因为我们无法想象在一群浑浑噩噩的人当中，能涌现出但丁、马基雅维利等等这些伟大人物。

布克哈特认为，“在中世纪，人类意识的两方面——内心自省和外界观察都一样——一直是在一种共同的纱幕之下，处于睡眠和半醒状态。”而唯独意大利，“这层纱幕最先烟消云散；对于国家和这个世界上的一切事物做客观的处理和考虑成为可能的了。同时，主观方面也相应地强调了表现他自己；人成了精神的个体”。如上所述，这种个人主义和怀疑精神是由政治权威的非法性，以及传统信仰危机相互作用促成的。接下来，人格觉醒在两个方面显示了出来，即大力强调性格的独立发展，以及要求摆脱自己的祖先和父母而形成个人的精神生活。在强调个性发展的外部，意大利人首先在意仪表的健康整洁，穿着时尚和个性化，在意体育锻炼，拥有学识，懂得欣赏大自然的美，谈吐优雅等方面，就像有人评价那个时期的佛罗伦萨人一样，“目光锐利，口舌刻薄”，这基于普遍的文化修养和审美追求。据说在佛罗伦萨，没人不能读书，连赶驴的人都能吟诵几段但丁的诗歌。在精神层面，针对古希腊和拉丁的文学历史遗产，人们认为“它们在最绝对的意义上是一切知识的源泉”。道理很简单，那就是：“文化一旦摆脱中世纪空想的桎梏，也不能立刻和在没有帮助的情况下找到理解这个物质的和精神的世界的途径。它需要一个向导，并在古代文明身上找到了这个向导。”另外，在政治方面，“一个世界范围的意大利和罗马帝国的梦想如此深入人心。”但是，布克哈特强调：“作为本书的主要论点之一，我们必须坚持的是：征服西方世界的不单是古典文化的复兴，而是这种复兴与意大利人民的天才的结合。”

追求人的个性发展，强调美德、智力和创造力，这在意大利那个时期蔚然成风，造就了所谓“独特的人”，这是指个人发展的较高阶段，在此之上还有“唯一的人”，是指个人发展的最高阶段。因此，也只有在意大利才能出现独有的“多才多艺的人——l' uomo universal”，比如早期的阿尔伯蒂和后来的莱昂那多·达·芬奇。布克哈特特别讲述了阿尔伯蒂这个全才，他身体强壮，能够双脚并拢跳过一个人的头顶；他作曲无师自通，获得了专业音乐家的称赞；他学习民法；欣赏自然之美，精通绘画、造型和建筑艺术；他写作的论文、小说、诗歌、哲学和历史著作，堪称那个时代的经典；他宅心仁厚，乐于跟人分享他所知道的所有东西。他说：“人们能够完成他们想做的一切事情。”

以阿尔伯蒂为代表，在意大利形成了一个新兴阶层，即有教养的阶层。这样，贵族精神首先在意大利得到重新定义，而且有力地驳斥了一个日耳曼君主给贵族下的传统定义，即血统高贵和举止优雅。但丁早在13世纪就说过，“血统高贵”什么都不是，他“认为那不过是一件外套，时间不断剪掉它的一些东西，除非我们自己每天增加一些新的和它相称的东西上去”。这东西究竟是什么？那就是道德和智力方面的卓越。另一个学者说：“追求真正美好的东西的人叫作贵族。”更有甚者，在那个时期，“日耳曼人”在意大利成了一切肮脏东西的同义词。

如上所述，意大利人天才个性的充分发展，产生了一种新的精神影响力量，这种精神影响力从意大利传播到国外，成为欧洲一切受过良好教育的人们所必需的东西。通过它，欧洲第一次被鲜明地分成为有教养的阶级和没有教养的阶级。我们可以把这种有教养的阶级认作新的贵族阶级。也确实有赖于这个阶级，人们才发现了美洲，开辟了新的贸易航线，人类才首先拥有了全球视野；还有，正是因为他们，人们发现了更广阔的宇宙和更深邃的内心世界，并设计和创出无以数计的建筑、雕塑、绘画等伟大作品，为人类文明发展增添了浓重的一笔。

但是，也是源于这种个性发展，意大利那个时期的道德和伦理观是松弛的。洛伦佐·美第奇为了庆典戏作的一首短歌像某种意义上的挽歌一样：

青春是多么美丽啊，
但是留不住这逝水年华！
得欢乐时且欢乐吧，
谁知明天有没有这闲暇。

马基雅维利说："我们意大利人较之其他国家的人更不信宗教，更腐败。"

这是因为"这种性格的根本缺陷同时也就是构成它的伟大的一种条件，那就是极端个人主义"，例如性观念的随意、信仰缺失、道德沦丧、对公共事务的漠不关心和仇杀心理过重，等等。关于最后一点，布克哈特举了一个极端的例子：三个男孩儿放牛，他们在玩把人吊死的游戏，绳子拴在一个男孩儿脖子上，另一头系在树上。此刻一条狼来了，两个男孩儿跑了，结果树上的那个男孩儿被吊死。死去的男孩儿的父亲把其中一个孩子杀了，并用他的肝脏做菜招待被杀孩子的父亲。于是，这两个家族开始了一系列仇杀，在一个月之内就死了36人，有男人也有女人。我们不由得疑问，在此期间，意大利人心心念念的宗教宽容哪儿去了？这是最令人费解的地方。那个时代，没多少人相信正义和正义行为，法律也遭到蔑视，因为执法的人本身的合法性就被质疑。所以，如果发生一件凶杀案，在案件没有大白之前，人们的同情本能地是在凶手那一边。宗教修士们的品性被大肆嘲讽（例如《十日谈》中的故事），有人看到修士和修女举行结婚仪式，不久生出了漂亮的小修士；修女院地下埋了好多婴儿尸体。不少神职人员贪婪、腐败，教廷的统治摇摇欲坠。他们所代表的所谓上帝的旨意能有多少人相信是不言而喻的。所以，布克哈特说："如果不是宗教改革运动挽救了教皇政府，谁能说出落到教皇政府本身将是一个什么样的命运。"一个学者悲观地把当时的世界比喻为"涕泣之谷"；还有人把生活中的幸福与不幸做出一个借贷表，并发现后者超过了前者。

对于这些道德堕落和腐败现象，没有公权力进行限制和清算。人们往往听信具有宗教狂热的人煽动搞群体运动。来自费拉拉的修士萨伏纳罗拉成了佛罗伦萨反对派的领袖。他是狂热、伟大和偏狭的最高代表，他的“雄辩的才能在于他具有崇高威严的人格的措辞，像他这样的人格是路德时代以前所没有再见到过的。”他期望建立的是一个禁欲的神权共和国，他不但有激烈的言辞，而且组织民众焚烧一切所谓使人腐化堕落的东西。他最不受欢迎的措施当中可以提到那些组织起来的儿童团（好像“文革”时代的红卫兵），他们在成年人的护卫下，强行进入家宅，用暴力夺取任何看来适合焚烧的物件。布克哈特说：“他毫不顾忌地对意大利所最宝贵的私生活的自由进行非常讨厌的干涉。”1497年狂欢节的最后一天和第二年的同一天，萨伏纳罗拉组织人们在佛罗伦萨市政府广场举行了大规模的“判决执行式”，人们搭了一个巨大的金字塔式的“火葬台”，把拉丁学者的著作，薄伽丘的小说，彼得拉克的诗歌，还有妇女的装饰品和化妆品，香料、镜子、面纱和假发，绘画——特别是美女的画像，以及琵琶、竖琴、纸牌和棋盘，古代的美人雕像等等一起焚烧。且不管这种极端方式能否起到净化人们心灵和情感的作用，单单是侵犯私权和破坏美好的事物，萨伏纳罗拉就难逃灭顶之灾。因为他忽视了意大利是一个个人至上的国度，“它只能把热情给予个人”，另外，他所代表的精神从文化上看是一种对历史的反动。所以，就在1498年，萨伏纳罗拉在佛罗伦萨的同一个广场上被烧死了。烧死他的人，也许就是那些曾经赞同他的学说和举措的同一批人。这体现出了意大利人的矛盾本质。

总体来看，布克哈特对意大利文化和文艺复兴是高度赞扬的，他对文化事物的判断中肯而精确。例如他说：“伟大的作家是生活的尺度和不幸中的慰藉。”他还说：“达到完美地步的戏剧是每一个文明的晚期产物，它必须等待它自己的时代和运气的到来。”

布克哈特在书中还阐述了人的自由意志和神学的关系，感叹人的精神活动在“突然闪光，扩张和停息”过程中的神秘性。随着欧洲外部势力的介入和意大利各地的动荡，从17世纪开始，文艺复兴的火焰渐渐微弱了。布克哈特总结道：“但是，文艺复兴时期的意大利人必须经受一个新时代的第一次巨大的浪潮的冲击。由于他们的天赋才能和热情，他们成了他们那个时代一切高度和一切深度的最典型的代表。和极端的堕落一起出现了具有最崇高的和谐的人类个性和一种艺术光辉，这种光辉给人类生活罩上了一层光彩，而这种光彩是古代文化或中世纪精神所不能或不愿赐予的。”

这部书的最后一段话如下：“一个关于世界和关于人的知识的最宝贵的果实在这里已经成熟。只是由于这一点，意大利的文艺复兴就必须被称为是近代史的前驱。”

虽然我于13年当中，两次仔细阅读了这部书，但从中得出的体会仍然是肤浅的，因此不揣冒昧写下的文字，只能算是个人体验，以供读者参考。这部不朽的著作，给读者留下最大的遗憾是没有讨论文艺复兴时期的艺术。尽管如此，要深入了解意大利和文艺复兴发生原理的话，这是无论如何也绕不过去的。

美第奇家族与文艺复兴

我们不得不承认，在赞助学问和艺术方面，美第奇家族的确是人类史上无与伦比的一家。

严格说，如果讲述完整的美第奇（Medici）家族历史，需要20多万字的容量。从1428年柯西莫继承父业，成为家族生意的掌门人和佛罗伦萨的实际统治者，到1743年，美第奇家族最后一个女公爵去世，在这3个多世纪中，美第奇家族建立了欧洲最有实力的银行体系，统治过佛罗伦萨，继而成了整个托斯卡纳大公家族，这个家族直接参与了文艺复兴运动，并出现过两任教皇和两任法国王后。

讲述一个显赫家族，本不是我的兴趣所在。若论更显赫，统治更广阔领域，持续时间更长的还有奥地利的哈布斯堡家族；若论更鲜活的，我们每天在网上都能看到一片“国民女婿”“国民老公”之类的热闹场面。我的兴趣所在，是美第奇家族对伟大的文艺复兴运动的直接推动，按照一个史学家的说法：“我们不得不承认，在赞助学问和艺术方面，美第奇家族的确是人类史上无与伦比的一家。”

这样的话，我的话题就会简约很多，从柯西莫·美第奇父亲乔万尼开始，到柯西莫的孙子、伟大的洛伦佐去世，这个区段是佛罗伦萨文艺复兴成长的最关键时期。我们要一起探讨这个家族几个主要人物对文化艺术的赞助出于什么动机，他们起的客观效果如何，以及在他们的庇护下，有什么伟大的艺术家和学者把这一运动发扬光大了。另外，上述几个主要人物，他们既是文化人，也是金融家和政治家，他们在后面两个领域里，有着怎样的决策和行为，从而影响了整个意大利的历史。

首先，我们来澄清一个事实，那就是美第奇这个姓氏并不是说这个家族是以经营药材生意起家的，他们族徽上的五个红球，据专家论证，是从13~14世纪佛罗伦萨钱币兑换商的招牌演化而来的。这个家族的远祖，传说是跟随查理曼大帝到处征战的一个骑士，后来，这个名叫阿维拉多的骑士，在离佛罗伦萨东北方20多公里的莫杰洛山谷定居了下来。他的后人，也就是美第奇家族，在13世纪初迁往佛罗伦萨。那个时候，佛罗伦萨的人口翻了五倍，超过5万人，自然，在那里追寻财富的机会要比一个偏远的山谷不知强多少倍。这个家族最初就是钱币兑换商。

13世纪末到14世纪初，佛罗伦萨的商业活动和金融实践，已经使这个城邦共和国进入了资本主义初级阶段。早在1252年，佛罗伦萨已经发行了含金量不变的货币弗洛林，成了欧洲标准的流通货币。另外，复式记账法和信用借贷、汇票付款等新的金融手段的使用，也极大地刺激了商业的繁荣。在此期间，佛罗伦萨就出现了三大金融家族。但这里面存在的风险也是不言而喻的，因为对王室和权贵的巨额贷款无法拒绝，又没有能力强制清算。所以，当外部政治动荡的时候，比如英法百年战争，英王的贷款无法偿还，佛罗伦萨这些银行家族就相继破产。这个时候，美第奇家族的一个关键人物——乔万尼脱颖而出，他就是柯西莫的父亲。

1397年10月1日，乔万尼在佛罗伦萨成立了总公司，这一天被认为是美第奇银行的创始日。乔万尼是个精明谨慎之人，他的两个过人之处成为后来美第奇家族生意奉行的准则。第一是从利润当中抽取资金购买不动产和布料加工车间，用多元化的资产来应对金融世界的变化。第二，在结交权贵和赞助文化事业上，他出手相当慷慨，具有长远的眼光。

在结交权贵方面，乔万尼跟巴尔瑟萨，也就是后来的教皇约翰二十三世的关系，乍看起来简直令人觉得不可思议。巴尔瑟萨最初是来自那不勒斯一个破落贵族的海盗，后来用做海盗赚取的钱财购买了一个法学博士学位。进入教会之后，他在1402年向乔万尼

柯西莫·美第奇

贷了一笔巨款，购买红衣主教的头衔。乔万尼不是不知道巴尔瑟萨肮脏至极的为人，但他却给他贷款，其目的是把自己的金融业务延伸到教廷。果然，1410年，巴尔瑟萨成为教皇约翰二十三世，美第奇银行顺理成章地接手了教廷的财政事务。

当时的教廷收入，高得难以想象，其中包括各教区上缴的税款，变卖圣物得来的款项，赎罪券交易，买卖圣职等等，各项加起来，有可能汇集来自整个欧洲大陆的货币总额。这样，美第奇家族的银行业就一步登天了。

但是，风险仍然存在，那就是当时有三个教皇分立，在后来的康斯坦茨会议期间，教廷和皇帝不但处死了波西米亚的宗教改革先驱约翰·胡斯，而且也判了约翰二十三世的罪行。乔万尼又两次付出巨款为这个混蛋教皇赎身。这笔巨款，甚至比未来20年美第奇家族在罗马银行业务总的金额还多出不少。乔万尼居然承担了，并且把被罢免的教皇接到佛罗伦萨安度晚年。在这期间，担任美第奇家族外部事务的负责人，恰好是乔万尼的儿子柯西莫·美第奇。

让我们想象一下，充当一个前教皇的庇护人，这种地位在整个欧洲的教区会是怎样的影响？这跟商业行为完全不搭界，也就是说，乔万尼和柯西莫从来没打算把这笔钱拿回来，他们要的是更大的东西，名望、信誉和忠诚。

在赞助文化事业上，乔万尼也是一样。1401年，乔万尼参与了为佛罗伦萨洗礼堂设计铜门的活动。最终，胜出者是个23岁的年轻金匠，名叫吉贝尔蒂，他花了20多年浇筑了两扇铜门的浮雕。在这一活动中，其巨额资金来源跟乔万尼一定有直接关系，但是他并没有大肆张扬。

吉贝尔蒂由此成了文艺复兴在艺术方面的创建者之一，进入了不朽者的行列；而乔万尼，这个家族的领路人，也由此体会到了比积累财富更有意义的事情。在乔万尼的晚年，他主持赞助了重建圣洛伦佐大教堂和兴办孤儿院。这两项巨大的工程，再加上后来的圣母百花教堂圆顶的建造，又成就了一位文艺复兴早期的建筑大师，布鲁奈勒斯基。

1428年，乔万尼病危，他把包括柯西莫在内的两个儿子叫到床前，嘱咐他们："不要在执政官邸闲逛，因为你们不是在那里做生意；不要在别人面前炫耀，尽量让炫耀显得没有必要，不要做违背大众意愿的事情……"最后，他希望自己的葬礼也办得简单，没有铺张浪费。但实际上，为乔万尼送葬的队伍人山人海，这其实在传达一个清晰的声音：美第奇家族的时代，也是文艺复兴的时代已经来临了。乔万尼作为先辈，既给马基雅维利的实用主义哲学做了商业上的脚注，也用投入财富的方式，开启了文艺复兴的大门，更为重要的是，给这个家族确立了拥有伟大文化胸怀的榜样。

柯西莫继承了乔万尼的遗产有多大呢，据说是18万弗洛林。

在那个时代，像吉贝尔蒂和布鲁奈勒斯基这种顶级的工匠，月收入才3个弗洛林，就足够养家糊口了。可想而知美第奇家的财富达到了什么样的水平。因为财势的关系，以柯西莫为首的美第奇家族一定遭人嫉妒和仇恨，他一度被捕，被关押在执政官邸的塔楼里，如果他不及时转移财产，行使贿赂，那肯定性命不保。后来他被流放，又以凯旋的姿态返回佛罗伦萨，成了不要名分的实际统治者。

柯西莫跟他父亲一样是个谨慎精明的人，有人说他缺乏勇气。但是，生财和统治之道一样，不可能靠鲁莽行事。他的衣着简单，饮食节制，过着安静、有规律的家庭生活。另一方面，他又极其富有人情味，温和、宽容，沉默寡言。对外，他赞助博洛尼亚的红衣主教，结果这个红衣主教后来当选为教皇尼古拉五世，他就顺利接手了教廷的所有财产代理业务，实行高明的财政政治策略，使意大利半岛几大势力处在均衡当中，从而避免了战争。对内，在使城市富足的基础上，他大力支持文学、学术、哲学和艺术活动。所花费的资金之大匪夷所思。

柯西莫本人受过良好的教育，见识不俗。他自己向一个学者学习古希腊和罗马的经典作品长达12年之久。他在支持艺术家创作的同时，还大量收购失传几百年的古典文献。有一个叫尼科利的学者在收购古典文献时破产，柯西莫就为他在美第奇银行开立了一个无限制的户头，直到尼科利死时为止。

柯西莫比较其父亲乔万尼，似乎离上帝更近了一步。作为一个谦虚和虔诚的人，他认识到银行业的盈利多少跟高利贷发生关系，而这是《圣经》中所谴责的不义行为。所以，他对文化的赞助，实际上是一种赎罪表现。那些他所赞助的大厦、教堂、孤儿院、雕塑、绘画，　一方面是家族辉煌的不朽纪念物，同时也是向上帝证明自己的清白无辜。另外，他真心实意崇敬和爱戴这些学者和艺术家，不管他们有多怪癖，他都能包容他们。他说过："天才是天上的形体，而非被捆绑的驴子。"

在柯西莫的治理和奖励下，佛罗伦萨爆炸性涌现出具有世界历史级别的伟大人物，有好多是从外面慕名而来的，其中也包括从受土耳其威胁的君士坦丁堡来的希腊学者。

在柯西莫·美第奇治下的佛罗伦萨所具有的文化影响力，按照大学者的话说："是意大利的幸运，也是人类的幸运。"所以，他又被称作"共和国之父"。

柯西莫过世之后，他的儿子皮耶罗经过短暂统治之后，把权力移交给他的孙子伟大的洛伦佐，这是佛罗伦萨的文艺复兴之花热烈绽放并结下丰硕果实的伟大时代。可惜洛伦佐的时代太短暂了。

伟大的洛伦佐被拥戴上台才不过20岁，他的能力，却令他的敌人和拥护者都大吃一惊。他不是按照腐败宫廷培养出来的王子，而是既有雄才大略，又在各方面都超凡绝伦的人物。他相貌并不出众，但健壮、快乐、慷慨大度。上台不久，他就面临两个危机，这比他的祖辈所面临的困境要危险得多。

第一次，另一个权势家族阴谋要刺杀他。在圣母百花教堂的一次弥撒中，凶手杀害了他的弟弟，他本人也受了轻伤，但他的勇猛和果敢，使他躲过了一劫。他的拥护者把谋杀者全部吊死在执政官邸的窗户上，其中包括比萨的大主教。当时的教皇震怒，联合那不勒斯国王起兵征讨佛罗伦萨，佛罗伦萨的部队在郊外被打败之后，周边农村被侵略的军队大肆蹂躏。

在国内，佛罗伦萨人也不满战争征集的税款。就在这个关键时期，洛伦佐做出了一个史无前例的决定，他没带随从和武器，只身乘船去到了那不勒斯。这使费迪南一世国王非常为难，一方面，双方还在交战过程中，教皇不断催促把洛伦佐押解罗马；另一方面，国王又非常钦佩洛伦佐的勇气，同时，洛伦佐又以自己的文雅、正直和良好的教养在那不勒斯宫廷中交了许多朋友。洛伦佐强调指出，如果他死了，佛罗伦萨会沦为教皇属地，然后教皇就会觊觎那不勒斯，再加上土耳其在海上的威胁，对意大利半岛的任何一方都没有好处。费迪南终于被洛伦佐征服了，跟他签订条约，保证在他活着的时候一定维持双方的和平，并给洛伦佐厚礼，放他回去。教皇要单独对佛罗伦萨作战，此刻恰好土耳其的舰船已经抵达意大利某地，而且扬言要征服整个意大利半岛。教皇只好与洛伦佐的使节谈判，适当地责备他们之后，要求佛罗伦萨准备15艘战船，共同对付土耳其。由此，双方讲和。洛伦佐被认为是意大利的指南针和仲裁人，有了他，意大利半岛各个政治势力之间彼此相安无事。

洛伦佐是集他祖辈乔万尼、柯西莫的优点于一身的人。在他的周围，聚拢了一批天才人物，米开朗琪罗、达·芬奇和波提切利都是他的座上宾，两个学富五车的希腊拉丁学者是他最体己的朋友。意大利当时的大学者奎恰迪尼这么说过："如果佛罗伦萨要有一个暴君，再也不可能找到比这位更好，更令人喜欢的了。"另一个学者说："没有一样东西比这位中心人物的图像更能表现意大利文艺复兴的道德、礼仪、复杂性和多变性了。他治理着一个城邦，管理着一笔财产，参加摔跤竞赛，写杰出的诗歌，不分青红皂白地支持艺术家和作家，平易地与学者、哲学家、农夫和小丑厮混，在化装游行中前进，唱着淫荡的歌曲，写作温和的颂诗，和情妇游戏，生出了一个教皇，而且被全欧洲尊为当代最伟大和高贵的意大利人。"

那个时代，意大利从来不缺权势和财富对文化艺术赞助的例子。但是，像美第奇家族这几代人对西方文化的推动起的关键作用，在整个人类文明史中，也是绝无仅有的。如今的佛罗伦萨，其实就是美第奇家族最辉煌时代的缩影。

最后我要说的是，洛伦佐活得时间太短了。他1492去世时才

43岁。如果他多活10年，意大利也许不会被法国军队侵略，佛罗伦萨也许不会那么快地衰败。至于他的后人，比如教皇列奥十世、克莱门特七世、托斯科纳大公爵和法国王后等等，那就是另外的故事了，跟佛罗伦萨的文艺复兴关系不大。

关于墨索里尼

作为一个独裁者，他把意大利拖入二战的苦难深渊，遭万人唾骂。但作为一个人，他也是典型的意大利人，喜欢做戏，喜欢排场，喜欢被神化。他用一大堆政治噱头欺骗了民众，也欺骗了自己。

我有一个荷兰司机朋友，他长得非常像穿便装的德国党卫军。但其实他是个满脑袋奇思怪想的好人。一次我跟他的车，在从佛罗伦萨开往罗马的路上，他突然指着前面一座山的轮廓问我："你看这山像什么？"因为车子开得很快，又过弯道，路边快速闪过树丛和桥梁，这样遮挡视线，我真说不出个所以然来。他愉快地接着说道："像墨索里尼躺着的侧脸轮廓，所以意大利人管这山叫墨索里尼山。"

他的话突然让我想到在比萨的教堂广场附近，小贩儿卖的纪念品，其中就有印着墨索里尼头像的围裙和别的跟墨索里尼有关的东西。我非常纳闷，意大利普通民众，对墨索里尼到底抱着什么样的态度？如果说他是十恶不赦的法西斯首领，那么为什么还贩卖他的纪念品？为什么官方不加制止？

了解墨索里尼对了解意大利在20世纪20年代到40年代这段历史很有帮助。作为一个独裁者，他把意大利拖入二战的苦难深渊，遭万人唾骂。但作为一个人，他也是典型的意大利人，喜欢做戏，喜欢排场，喜欢被神化。他用一大堆政治噱头欺骗了民众，也欺骗了自己。他前脚被民众当作神来膜拜，不久就被同样的民众杀死，像处置死狗一样把他暴尸街头。而最滑稽的，是他死后半个多世纪，居然还被人像纪念一个喜剧演员一样，把他的形象印在各式纪念品上。最后这一点，尤其体现出来意大利式的悖论。

墨索里尼出生在意大利罗马涅大区的一个小镇，他的父亲是个铁匠，热爱激进的社会改造学说，母亲是个严格的天主教徒。这也许是墨索里尼头脑混乱的基因缘故。他什么都反，但到一定时候，可以跟他所反对的一切和解。

墨索里尼是这个家庭的头生儿子，他出生的时候，没有电闪雷鸣，没有天崩地裂，他嘴里也没有含着被古罗马称作法西斯的、中间插了一个斧头的权力束棒。事实上，儿时的他，更像一个白痴，到了3岁时还不大会讲话。他父母焦急，以为他得了什么怪病，于是去看医生。医生在给他做了一系列检查之后，对他父母说："没问题。要不了多久，他就会说个不停。"

这话简直就是预言。几十年后，墨索里尼成了全意大利最著名的演说家。据记载，他的讲话生动有力，激动人心，伴随着既有力又有节奏的手势。他的语句简短，断断续续，彼此之间没有明显的联系。讲话期间， 他会突然来一个长长的戏剧性停顿，有时声调表情陡然一变，狂呼猛喊，用旋风般的咒骂结束讲话。当听众正被他的口才所感动时，他常会停住话头，提出一个有力的反问，引起一个热烈的反响。这样，他跟台下建立起了一个头脑发热般的对话联系。这就像一个大号男高音在唱歌，他唱的什么内容根本没人在乎，听众完全是被花哨的形式迷惑住了，没等细想，就被卷入了决定。一个冷静的观察者这样说道："他看墨索里尼演讲，不由得想，他的表情如此千变万化，到了晚上睡觉的时候，他的脸该累得多痛啊！"

墨索里尼真正的身份是个记者。他在成年以后，为了逃避兵役，跑到了瑞士，过的日子跟流浪汉没什么区别。这个身材粗短的小个子，穿着邋遢，行为粗野，经常发表过激的言论，被保守的瑞士当局逮捕过几次。后来他回到家乡，做过一阵子代课老师，因为读过不少乱七八糟的书，又天生善于表达，因此成了社会党的一家报纸《前进》报的记者和编辑，后来做了主编。这是他干得最成功的职业。他在接手这家报纸时，发行量不过几千份，后来猛增到20万份。这在意大利报界成了奇迹。如果他一直在报界干下去，累积了一定的财富，熬成了社会名流，最后老死在米兰郊外一个破旧的乡村别墅里，这应该是他安稳的结局。但没办法，有些人就是不知道自己的限度在哪里。墨索里尼因为言论过激，被社会党开除，然后他又自组一家叫作《意大利人民报》的报纸，同时跟一帮同道，组建了一个连纲领都没有的，名字叫作“法西斯”的党派。

“法西斯”到底是什么意思，按照最直观的字面理解，“法西斯”是古罗马执政官的随从举着的一捆木棒，上面插了一个斧头，是象征着权力和威严的仪仗式器具。而墨索里尼的法西斯党却不好定义，因为这个政党的思想不明确，态度却很坚决。因为当时意大利社会混乱、经济困难，一战之后的政府腐败无能。结果法西斯党吸引了所有心怀不满的人和不安分的人，从左翼到右翼，从无政府主义者到保守派，从商人到艺术家。他们纷纷拥护法西斯党，盼望任何形式的革命。他们组成半军事化组织，穿着黑衫，在街头或集会上殴打反对派。而墨索里尼扮演的是这些歹徒们领袖的角色，他的外部形象就跟石像一样强硬，撅着下巴，既傲慢又好斗。他鼓吹“要危险地活着”，他在一次演讲上这样说：“事实上，我就像一个老兵在对你们说话。假如我向前，你们要跟随我，假如我后退，你们就杀死我，假如我被刺身亡，你们就替我报仇。”

但实际上，墨索里尼是个胆怯和心虚的人。当法西斯夺取政权时，墨索里尼并没有冲锋在前，而是躲在米兰，处在犹豫和观望中。当所谓向罗马进军成功了，国王召见墨索里尼组建内阁时，他才从米兰坐卧铺车去到罗马，把自己打扮成一个冲锋陷阵的将军的模样。就这样，这个记者，一战的退役老兵，满脑袋混乱思想，内心空虚和好大喜功的人，在39岁时坐上了意大利政权的头把交椅，这一坐就是20年。

墨索里尼真实的形象和生活是怎样的呢？一个见过他多次的记者后来回忆说："他个子又矮又粗，显得固执而粗鲁，他有着象牙色的大秃头，黑黑的鼓泡眼，苍白的脸色和稀稀拉拉的黄牙，他脑袋上有一个小土豆般的赘瘤，下巴底下有一个大黑痣，他时时移动手脚，显得急躁而不安。"他的总理府就在罗马威尼斯广场上的威尼斯宫里，他办公室的灯光时常亮到深夜，给人一种呕心沥血工作的假象。但一个卫兵曾经说，他时常看到领袖在威尼斯宫的院子里，跟司机和厨子闲聊，再就是在用于休息的小卧室中，招待一个又一个情妇。

但他在繁忙的执政期间，还能撰写回忆录、传记、政论、小说等等文字，他的全集长达44卷。他不抽烟，很少喝酒，他有严重的胃病，他总是被失眠症折磨着。墨索里尼管理国家的方式非常独特，他是唯一的立法者、执法者、检察官、大使和将军。20年当中，他除了是政府总理之外，还担任过内政部长，外交部部长，陆、海、空三军部长，管理过经济事务。然而事实证明，除了出色的表演，他干这一切都外行，因为他除了仪式和排场之外，缺乏组织和实施的能力，因为这需要对细节和具体事务有详尽的了解，对他来说，这些都太枯燥和乏味了，能把他烦死。于是他放手交给手下一批马屁精来处理。他被权力腐化了，他欺骗了人民，人民也反过来欺骗他。在他的统治下，意大利的经济、政治和社会生活没有明显的进步。他主持过一些面子工程，但考虑到除了他之外，任何政府都能做到，他的政绩可真就乏善可陈了。也许唯一的例外，是在他的统治时期，意大利做到了跟梵蒂冈天主教廷的和解。

当时流行的一句口号非常有意思，人们把墨索里尼浮夸的言辞和实际情况的停滞不前叫作“墨索里尼的渐进主义”。然后紧接着就是一句马匹精式的口号：“领袖啊，你就是我们的一切。”

那么，到底什么是墨索里尼的理想呢？究其根本，就是要带领意大利重振罗马帝国的雄风，这其实是他个人的野心，但这个所谓理想既不切实际，又荒唐可悲。1935年10月，他指使意大利军队入侵埃塞俄比亚，征服东非这样落后和原始的国家，他的军队甚至动用了毒气弹。他跟他的支持者又一次被假象迷惑了，以为意大利帝国的历史从此翻开了新的篇章。那个时候，人们甚至管他叫神。然而，真正的考验来临了，那就是第二次世界大战。

1940年，也就是二战开始的第二年，墨索里尼的意大利被纳粹希特勒的短暂胜利迷惑住了，投入到了战争的深渊。吹牛表演可以放在舞台上，不过到了残酷的现实中，这是经不起考验的。意大利的陆军在西非沙漠跟英美盟军对抗，使用的是一次世界大战奥地利人留下来的大炮，他们的坦克又小又薄，像个洋铁盒子，机枪子弹就能打穿。意大利没有航空母舰，舰船甚至都没有雷达。意大利的飞机很好，但数量极少，而且是手工做出来，适应检阅用的。战争一开始，意大利从阿尔巴尼亚进军希腊，结果被打得焦头烂额。希特勒无奈派兵增援，导致耽误了东线战场。英美的轰炸机对意大利主要城市进行轰炸时，民众立刻就被震醒了。他们理解局势的逻辑非常简单，他们认为英美都是百万富翁在指挥作战，不然怎么能够那么慷慨地从天上扔下那么多，那么昂贵的东西呢。

1943年，非洲战役结束，德军和意大利军队被俘20多万。盟军即将进行西西里登陆作战时，墨索里尼的末日已经到了。谁也想象不到的是，就在战争最胶着，意大利频频失利的情况下，他们的领袖墨索里尼在威尼斯宫的办公室里，做的最主要工作，居然是把意大利小说翻译成德语。

1943年7月，当盟军在西西里战役中完胜之后，墨索里尼的统治也终结了，他在拜会国王之后被捕，被东藏西躲，最后在大索萨山一个设在悬崖上的旅馆中，被纳粹突击队利用滑翔机救了出来。他被运往德国，然后又回到意大利北部，建立了一个伪政权。其实这个时候，墨索里尼已经是一具行尸走肉。据说他什么也不关心，只关心自己未来在历史中的地位，像恺撒？拿破仑？还是别的什么人。其实他谁都不是，就是意大利人墨索里尼。

1945年4月，墨索里尼跟他的情妇和若干随从化装逃往瑞士时，被游击队认出，随后被枪决了。据说在开枪时，他的情妇还为他阻挡子弹。几天之后，他们的尸体被拉到米兰一个广场上，过往的民众往他们的尸体上吐唾沫，丢石头，用棍子戳来戳去。随后又被像屠宰过后的猪一样倒挂了几天。墨索里尼的尸体后来被拉往医院，美国军医在做完尸体检查之后，还取了一部分他的脑组织，用以进行是否变异的分析。

墨索里尼的尸体被草草埋葬，又被崇拜者偷出，接着又被发现，最后七零八落地埋在了他的出生地。

单纯从技术上讲，墨索里尼是个了不起的演说家，优秀的记者，有能力的政客，但却是一个灾难性的大国统治者。他在20世纪，作为意大利的反面代表人物，给世界提供了一个十恶不赦的统治理念，虽然他自身的思想是混乱和肤浅的，但他给了阿道夫·希特勒，西班牙的独裁者佛朗哥等人的种族主义和霸权思想以灵感，从这一点上看，他的历史地位又是不容忽视的。

至于说为什么当代的意大利人，会以一种那么奇怪的方式纪念墨索里尼？这只能证明无论对历史还是对当下，意大利人在政治上永远抱着一种玩世不恭的态度。

时尚与奢侈

奢侈品“是什么”已经不重要了，“代表什么”才是根本。

人们提到米兰，就会想到时尚和奢侈品。意大利的主要奢侈品都在那里有旗舰店。尤其是米兰市中心，在大教堂和斯卡拉歌剧院广场之间，以意大利国王维克多·艾曼纽尔二世名字命名的商业走廊，是一个十字形、上面带玻璃棚顶的商业区，集中了许多意大利、法国大牌商品的店铺。

2008年的某一天，这个商业走廊发生了一件群体性事件。占据中心位置四个角的其中一个店铺原本是麦当劳，但因为商业走廊拥有者不再跟麦当劳续约，在营业的最后一天，麦当劳全天所有饮食免费供应。一时间这家麦当劳差点被世界各地来米兰旅游的麦粉们挤破店门，推倒柜台。这其实是麦当劳的抗议行为。过了没多久，过去的麦当劳店里外修饰一新，变成了普拉达的男装部，跟占据另一角的女装部并肩而立。

旅游界对麦当劳有个昵称：“美国大使馆”。因为那里是游客最容易解决上下水的地方。而在米兰艾曼纽尔二世商业走廊，意大利的奢侈品赶走了“美国大使馆”，穿的战胜了吃的。这事儿本来就挺滑稽的，但我却觉得有些失落，往后再有人在那里着急找厕所，如果问我，我总不能告诉他去普拉达店里撒尿吧。

以米兰为代表，意大利的时尚和奢侈品相当知名。

我想好多读者跟我一样，想知道奢侈品到底指的是什么。对于这个问题，我钻研过一本关于奢侈品的书，名字叫《奢侈的！》，其实这部书的原名是“奢侈品是如何丧失其光彩的”。作者是美国著名时尚作家黛娜·托马斯，她是美国《新闻周刊》驻巴黎分社的资深调查记者和编辑，从1994年就给美国及欧洲的著名时尚杂志撰稿。在这本专著中，我们能跟着她了解到欧美主要奢侈品牌的起源、生产、资本游戏、销售对象的变化和营销策略，而且能够零距离接触到从LV主席到中国的神秘买家，这些所有跟奢侈品相关的著名的和匿名人士。可以这么说，这部书简直就是认知奢侈品的权威著作兼百科全书，当然也少不了好多不为人知的内幕。

首先，黛娜·托马斯告诉我们，奢侈品最初的定义是“奢侈品是什么”（“what it is”）。从源头考察，奢侈品来自欧洲王室，最主要的是法国宫廷，可以这么说，法国国王路易十四就是奢侈品的始皇帝。当然他也只能算是站在巨人肩膀上的矮子（而且他确实是个矮子，身高才一米六多一点儿），而这个巨人就是意大利佛罗伦萨的美第奇家族。从热爱艺术和豪华排场上看，这是中世纪欧洲第一家族。17世纪，路易十四的祖母，来自美第奇家族的王后玛丽·德·美第奇在出席孩子的受洗仪式上，穿了一件礼服，上面点缀了32000颗珍珠和3000颗钻石。而路易十四在巴黎的凡尔赛宫的饮食起居，简直就是奢侈品大展览。为了控制他的朝臣，他明确指示他们什么可以穿，什么时候穿，怎么搭配。他规定领口的高度，礼服下摆的长度。路易十四本人自称“太阳王”，除了奢华之外，他的服饰、鞋履和仪态更重要的是显示王室的高贵和尊严。

法国大革命之后，新兴资产阶级崛起。这个群体虽然没有贵族头衔和血统，但他们的财富和社会影响力都取代甚至大大超过了前者，而且他们也热衷王室那种名贵加绚烂的排场，因此成了奢侈品消费的生力军。这种自上而下的奢靡风气，最终在19世纪中叶，催生出一批专门为王室贵族后裔以及新兴资本家服务的家庭作坊，比如专门做旅行用品的路易威登家族、专做马鞍的爱马仕家族等等。尽管从王室贵族过渡到资产阶级，奢侈品仍然葆有“是什么”的地位和品质。

如果说在当下，奢侈品跟时尚有密切联系，那么什么是时尚？假使正面回答这个问题，那应该是个性化生活方式的物质表达。顾名思义，它的前提应该是“个性化”。但显然，这个说法也许适合19世纪的欧洲，而从普遍社会现象上看，现在已经落伍了。就拿上面说的普拉达踢走麦当劳为例，普拉达的黑色尼龙包卖出了成千上万个，除了logo和接近500欧元的价格之外，跟麦当劳巨无霸从风格上说是一样的，根本没什么个性可言。在我发表这个言论之后，有人反驳我说，普拉达的包包用的尼龙绸，可不是大路货，而是做降落伞的原料。听到普粉的愤愤不平，我不由得苦笑不止。这意思该不会是，假如乘坐的飞机失事，随身携带的普拉达包包可以当降落伞来救命吧？

如果说奢侈品是“生活方式”也有问题。我见过不少20岁出头、还在读书的女孩子拎着名牌手袋，在这方面她们跟大公司的白领小姐是齐头并进的。从这一点出发来衡量，她们之间的生活方式看起来相似，但事实上并不相同，也不可能相同。最后，所谓时尚，就剩下物质表达了。这样看起来，时尚的本质就是刺激消费的欲望，以及使这种欲望变成能够被普遍认知的社交线索。顺着这条线索，人们会被认为是某个社会等级、某个财富圈子的人。至少，展现这种线索的人希望别人这样看待他（她）。而这个线索本身，从纯粹实用方面考虑，不一定是有用的。那么，这种社交线索就变成脱离实际生活需要的奢侈品。

英语中有一个关于奢侈品到底是什么的经典回答，那就是“wanted but do not need it”，翻译过来的意思就是“渴望但不需要的东西”，而且价格昂贵。但假使单单从价格上衡量奢侈品，说性价比太低而且无用，恐怕说不太通。以我本人举例，我的工作性质决定了我离家时间长并要频繁上下大巴车、出入酒店，因此行李箱是必不可少的。我以往都是买最便宜的行李箱，用坏了不知多少个。有一次，我在离家不远的德国小镇闲逛，在一家商店里发现一个行李箱够大，够便宜，于是买下来。往家走的时候，接到老婆的电话，让我去买菜，我就拖着这个行李箱去了超市，买了一大堆东西，其中有廉价的睡衣睡裤，还有几瓶葡萄酒，反正行李箱被塞满了。那时我家租住在一个小二楼上，没有电梯，我拎着行李箱的把手，一蹬蹬上楼梯，快到家门口，行李箱的把手“砰”的一声断了，那个行李箱叽里咕噜滚下楼梯，我还能听到里面酒瓶子碰撞的声音。我心想这下完了，酒瓶子若是碎了，里面的一切东西都得泡汤儿，这真够收拾也够沮丧的。我下楼打开那个行李箱，居然发现几瓶法国酒完好无损。我把一样一样东西往家里搬，最后剩下把手断了的空行李箱。我翻看里面，发现了一张纸条，上面用中文写着：检验合格。随后我痛定思痛，咬牙花了大价钱买了一个名牌箱子，价格是上面说过那个短命箱子的十几倍，算是行李箱中的奢侈品了。以我超高频率的使用，三年过去了，这箱子没什么问题，尤其是四个轮子，简直就跟飞机轮胎一样结实耐用。对此，我们也不能对奢侈品一律冠上昂贵和没用的标签。它们之所以奢侈，一定有它们的道理。

早期的奢侈品，从设计、用料、做工和品相来说，意味着做出

米兰商业走廊内

来的东西“是什么”这一定义。就拿从米兰起家的普拉达为例，早在1913年，创始人马里奥·普拉达兄弟俩就在刚才提到的艾曼纽尔二世商业走廊开店，经营的是那种手工作坊。兄弟俩去各地寻找最好的原料，比如到维也纳找皮料做箱子，到波兰找水晶做瓶子。他们不惜使用鳄鱼皮、上乘丝绸、象牙、黄金等做原料，而且跟设计师和工匠一起工作。他们做出来的产品广受贵族和富豪们的喜爱。

但是，如今的普拉达，年营业额超过10亿欧元。他们疯狂做广告，他们在股票市场圈钱，把店面铺到全世界，而某些产品线被转移到亚洲一些劳动力便宜的地方，用料也越来越精简。除了那块三角牌子标识的顶级产品之外，其他产品乏善可陈。美国一个时尚女记者说，她在1992年买过一条普拉达的裙子，2000美元，漂亮而且质地良好，可以穿一辈子。10年之后，她花了500美元买了一条裤子，裤脚开线、口袋的缝线处开裂。这裤子刚穿上10分钟，就从不同的缝线处散开了。她跟普拉达一个设计助理说，十几年前买的裙子好得很，而现在的裤子怎么会这样。那个助理叹了口气说：“当年的质量确实好。”

仅仅10年过去，品牌没变，质量为什么会如此天差地远？答案很简单，奢侈品是什么已经不重要了，“代表什么”（“what it represents”）才是根本。这是奢侈品普及化的堕落，也是盲目在这上面花钱的众多消费者的悲哀。

普拉达、古驰、路易威登等等奢侈品牌都是从小作坊起家，而且都是手工制作。如果这些品牌一直本着“是什么”的原则经营，消费的层面一定不可能广泛，毕竟真正买得起这种奢侈品的人太少。商业本身是以营利为目的，如果不扩张，就只有自生自灭。所以，这些品牌的扩张从20世纪80年代就开始了。在企业内部，进行垂直整合，也就是绕过中间商环节，从生产到销售形成一个完整的套路；在外部，它们不断收购其他品牌，形成企业集团，进行规模化经营，从而产生“东方不亮西方亮”效应。而且因为规模化，奢侈品集团就可以上市圈钱，拿到这些钱进行再投资，进一步扩大生产和销售。

但这里有个矛盾，也就是奢侈品毕竟不是生活必需品，形成更大规模效应的同时，一定会减低所谓“奢侈”的含金量。于是，他们重新定义了目标群体。就以20世纪80年代的日本为例，经过差不多20年的经济积累，那时的日本人中有85%认为自己是中产阶级，而且一定要通过穿戴来表达这样的信息。其实这么大的群体不可能都有能力购买真正的奢侈品。于是，各个大牌厂家开始降低成本，生产小型配件，例如钱包、皮带、丝巾、手袋等等，让购买的人觉得自己的富裕梦想部分实现了。这种心理状态，在当时的日本有一个专门的名词，叫作“幸福的牺牲品”。当时以及后来的20年内，日本本土购买了20%的全球奢侈品，另外还有30%的奢侈品被到海外旅游的日本人买去了。如果细化这个市场，这50%的奢侈品购买者，有很大一部分被称作“单身寄生虫”，这是日本银行业给这个群体下的定义。它是指受过大学教育的单身女性，年龄在25~35岁之间，有一份收入不错的工作，却跟父母住在一起。这些人，经济能力强，日常花费又少，可支配收入的很大一部分用于购买奢侈品，尤其是皮具、手袋一类能被人一眼认出的品牌。

据我观察，近20年以来，中国很多消费者正在效仿几十年前的日本人。消费群体更新是必然趋势，但不变的是奢侈品牌大赚特赚。还以普拉达为例，1991年，普拉达的营业收入是2500万美元，到了2000年，它的营业收入就变成10亿美元了。如今，又是十几年过去了，普拉达的营收应该比2000年翻了一番不止。

类似普拉达这类奢侈品牌是怎么那么深入人心呢？答案是巨量投放广告，从帆船赛到电影颁奖仪式的赞助，这些品牌直接以成功人士为例子，大量制造商业神话。现如今，各家奢侈品牌的手袋卖得最好，那么就以手袋为例。各个厂家的宣传达到了一种莫名其妙的地步，它们直接暗示潜在的消费者：这个手袋是“必须拥有的”。接着跟上一句口号：“要么拥有，要么去死。”到了这个地步，谁能抗拒得了？！

那么，这些手袋是怎么做出来的呢？我举一个自己的例子。我生活在法国，如果我要包饺子，面粉是中国进口的特制饺子粉，猪肉是法国的，虾仁来自非洲的马达加斯加，大葱可能是西班牙的，白菜我一直没弄明白产地在哪儿。意大利的奢侈品手袋跟我的国际饺子差不多。五金件来自两个地方：中国广州的锁头，日本的拉链；衬里是韩国的；刺绣部分在意大利、部分在中国北方或印度完成；皮革是韩国或意大利的；在中国和意大利组装。眼下，这些奢侈品手袋的加工，趋向于比中国更便宜的国家，比如毛里求斯。只有这样，各家奢侈品手袋才能维持住比成本高出12~15倍的售价。

说实话，我本人也喜欢奢侈品。每次到米兰，闲下来的时候，我往往会去专卖店和大商店的奢侈品专柜转转。我根本不是在做什么社会消费调研，就是喜欢看看，那些东西，那个环境，确实让人感觉舒服，偶尔也买点小玩意儿。时间久了，我确实积累了一些经验。于是有人就让我做导购。其中有件事儿让我没法忘怀。

那时有个年轻女性跟我的团旅游14天，走了西欧大小十几个城市。最后临到结束时，这姑娘眼泪汪汪的，我以为是割舍不了这次旅游，还真有些被她感动了。我问她为什么难过。她说："我这次出来的目的，就是要买一个爱马仕的手袋，结果没买成，遗憾啊！"

我听罢非常吃惊，她这份情感简直可以达到信徒对圣物膜拜的程度。这让我想到有部法国电影名字叫《解放军在巴黎》。电影拍摄于1974年，当然是法国式闹剧烂片，但剧情中有一段绝对具有预言性。故事说占领后，中国人民解放军军管部门要在巴黎找一栋建筑做总部，最后居然看中了拉法叶特百货公司大楼（Galeries Lafayette）。几十年后的今天，这家卖奢侈品的百货大楼已经彻底被中国游客占领了。在我们伟大翻译文化的传统中，有过“可口可乐”“米老鼠和唐老鸭”等这种神品汉译，但对这家百货公司的翻译要更胜一筹，是独一无二的圣品：“老佛爷”。这名字翻译得太深入人心了，不信你问问，不管去没去过巴黎，但凡对巴黎有点儿认识的中国人，谁不知道“老佛爷”？这说明它不仅仅是个商家，还是物质圣地，在某些人的心中，其地位跟梵蒂冈的圣彼得教堂等量齐观。

最后，我想告诉如那个女孩子一样的奢侈品信徒，还有一种奢侈跟黑洞一样无法量化。至于说怎么能达到这种极致，大家可以自行琢磨答案。总之在这个物质世界上，如果利益驱动力足够强大，什么离奇事情都可能发生。

门外谈歌剧

没有一部优秀的歌剧情节合情合理，因为人们在讲理的时候不唱歌。

西方的歌剧院我进过不少。但有两次怎么都忘不掉。第一次是在米兰的斯卡拉歌剧院。因为那地方太出名，是业界的圣地，所以在没有演出的白天，也可买票入内，看看陈列的乐谱、乐器、服装道具什么的，还有意大利著名作曲家和歌唱家的画像和雕像。在那里参观的滋味，就跟没吃到美食，倒是读了美食的详细菜谱一样，只有猛咽口水的份儿。那一天，我跟朋友再次进入斯卡拉歌剧院，剧场里有彩排，是个歌剧中的芭蕾舞片段。不知是哪个工作人员疏忽了，还是良心发现，二楼一个正对着舞台的皇家包厢居然开放。我刚举起带长焦的镜头拍了两张，就被工作人员老实不客气地请了出去，因为有翻印盗版之嫌。

第二次是在维也纳国立歌剧院，我倒是买票了，剧目是罗西尼的《塞维利亚理发师》。序曲还没开始，我儿子太小，太兴奋，问东问西，影响到了别人，结果又被工作人员老实不客气地请了出去，我也无奈跟着出去了。把儿子找个行李箱存好——这当然是句玩笑话，我把儿子交给他妈妈看管了。等我返回去，被告知演出已经开始，我只能在半场结束后才能再进去。结果，我最喜欢的《序曲》和咏叹调《快给大忙人让路》都错过了。

由此，我估摸着，之所以这么倒霉，主要是自己欣赏歌剧的水平不够，冥冥之中就有一只看不见的手把我屡次三番拒了出去。歌剧从形式上看确实很难，不是学专业的，一下子还真摸不出门道来。经过反复阅读思考和观剧，我自认为终于摸索出了一点经验，还是有办法从门外了解歌剧的。下面，我就说说我对歌剧的体会，也许对读者欣赏歌剧有用。

首先，歌剧是戏剧最特别的一种形式。而如果弄明白了歌剧跟可以算秤星子的话剧之间的相似和区别，它也许就没那么难懂了。我所说的秤星子就是把各类戏剧算作一个标尺，话剧居于中间地位，这个标尺高难的一头是歌剧，而最为我们熟悉的电影和电视剧在相反的另一头。也就是说，歌剧、话剧、影视剧都是戏剧，它们之间的区别，从反映人物的情感和内心世界的浓度上比喻，就好比烈酒、葡萄酒和啤酒。这里不仅仅是戏剧张力的问题，更重要的在于歌剧的一些技术性特质，它们是歌剧跟其他戏剧有本质区别的关键因素。

就拿法国剧作家博马舍的话剧《费加罗的婚礼》和莫扎特谱曲的同名歌剧做个比较。

歌剧占优势的第一个区别是戏剧时间上的灵活性。

莫扎特的歌剧《费加罗的婚礼》跟博马舍的同名戏剧讲述的故事是一样的：关于爱情和背叛、偷情的阴谋被揭穿，最后达到和解。但它们在表现力方面却大不相同。

首先，18世纪的戏剧还在亚里士多德的“三一律”的控制和影响之下，即时间、场景、故事的统一，即故事发生在一天之内，在同一地点中，情节围绕一个主题。但是，我们不要忽视一个戏剧基本常识，即舞台上表现的时间比较现实时间是“伪的”，要用两个小时左右表达完一天中发生的故事，也只能截取戏剧性片段，反过来也一样，如果完全按照现实时间来表现，再有耐心的观众也受不了，它也就不成为戏剧了。

这是戏剧受观众严格控制所必须遵循的规律。基于这一点，古典歌剧又往前大大跨越了一步，即它有两个时间轴。第一个是延续戏剧的故事发展线索，这一表达是由有羽管键琴伴奏的宣叙调来完成的；第二个，古典歌剧当中的分曲——即咏叹调、重唱、合唱组成的演唱片段独立于戏剧时间之外，而这一部分恰恰又是歌剧的灵魂所在。

从时间上看，这些分曲在歌剧中占了相当大的比重。以莫扎特的《费加罗的婚礼》为例，第一幕第二场的费加罗的咏叹调历时4分多钟，第二幕第一场伯爵夫人的咏叹调《爱情啊，给我一点安慰》也将近4分钟，更不必提第三幕的《她是我的母亲》六重唱以及其他重唱跟合唱所占用的时间。人们在两个时间轴上来回游移，如果观众有前阅读准备和既定的心理预期的话，会觉得妙趣无穷。在后一个时间轴上，因为音乐和演唱的美妙，对情节的推动被迫停滞完全可以忽略不计，绝大部分观众就是冲这个来的。这一点，话剧是没法办到的。

歌剧的分曲在这里还有一个优势，那就是凸显戏剧张力，从声学理论上讲，即便戏剧大段独白可以被接受，但其发声无论如何也不可能达到2000赫兹[18]，就算达到了，也是无法令人忍受的刺耳噪音。而歌剧的咏叹调，男高音可以唱到高音C，女高音可以唱到高音降E，不但不被拒绝，而且往往会获得满堂喝彩。但这里会出现一个问题：既然分曲占了那么多时间，歌剧作为戏剧的情节推动是否就被迫延长？这恰恰是下一个要说的问题。

歌剧的第二个优势是重唱比话剧对白更优越。

莫扎特的《费加罗的婚礼》长达3个多小时，但是，因为加上诸多分曲占用的时间，比较博马舍的戏剧，也不见得长多少。这是怎么做到的呢？戏剧中的对白是依次进行的，而在歌剧中，对白经常被重唱取代。在重唱中“音乐能够企及话剧只能暗示的境

[18]女高音的发声频率可以达到。

界——对性格、人物、气氛和表情的同时性的、迅速的展现”。音乐学大家保罗·亨利·朗说，这一展现“与现实分离，或超越现实，音乐戏剧给予我们纯粹的人的性格和人类灵魂最直接的倾诉，而话剧不得不保持一定程度的可信性，因而受到限制。戏剧中人物与动作的关系也具有纯粹的音乐性质，在此，歌剧抵达了戏剧的顶峰，进入了话剧根本不能触及的疆域”。

让我们具体来看看两部戏剧对白和重唱的比较。在博马舍的剧中，第三幕第十六场中，当费加罗在法庭上跟众人辩白说自己是被强盗偷走的孩子，并展现出右臂上有一个瓦刀的文身时，逼他还债或结婚的老女仆马尔斯琳发现他就是自己被偷的儿子，众人的反应，在汉语版中如下：

巴尔多洛：（指马尔斯琳）这就是你的娘。

费加罗：……奶娘？

伯爵：他的娘！

费加罗：请你说明白点。

马尔斯琳：（指巴尔多洛）这就是你的爹。

费加罗：（苦恼）哎哟，哎哟！苦死我了。

……

到最后费加罗和马尔斯琳拥抱认娘时，博马舍整整花了四

马西莫歌剧院内

页篇幅，其中还有一段跟剧情关系不大的关于女人悲惨境遇的插话。而在歌剧中，表现这一场景的是几乎同时进行的六重唱，后来还加上苏珊娜（费加罗的未婚妻）：

伯爵和法官：（无奈和懊恼地）Sua madre（他的母亲）！

此刻，父亲（巴尔多洛）母亲（马尔切丽娜——马尔斯琳的意大利语译名）和儿子（费加罗）却处在惊喜当中。接下来，苏珊娜见费加罗和马尔切丽娜拥抱而误解，打了费加罗一个耳光。马尔切丽娜向她解释这一切，苏珊娜惊讶地只能唱出“Sua madre!”六个人对此的回应是接续地唱出“Sua madre!”费加罗突然插进来唱：“Suo padre（他的父亲）”所有人把这两句简单的称谓唱了11遍，这其中每个人的内心都能充分展现出来，喜悦、恼怒、惊讶、悔恨、和解等等。这种简单又充满情感和含义的戏剧效果，只有歌剧能达到。无怪乎保罗·亨利·朗论述道：“音乐戏剧允许几个人物同时表达各自的思绪情感，此即歌剧和话剧的分野所在……这只有通过音乐才能达到，因为只有音乐形式才能包容这些散漫混杂的因素，才能将这些因素揉成一种无以比拟的审美统一效果再传回给听众，才能将不同的人物性格重组为生命的整体。”

第三个要说的是歌剧音乐比戏剧文本的优越性。

博马舍的剧本，无论是供阅读还是舞台演出，都相当严谨。

剧本中有不少舞台提示，在一些场次中，还有供谱曲的歌词。例如第二幕中，凯鲁比诺为伯爵夫人写的小曲。

这样的戏剧，除了布景、动作、舞台调度和演员表演方面有些许发挥的空间，演出时一定得按照文本的基本要求来进行。这是戏剧在文本方面的权威地位，无可动摇，如果进行大规模删改，那就是另一出剧了。但对于莫扎特，却又当别论。这出剧的歌剧脚本是威尼斯诗人达·蓬蒂(Da Ponte)从法语改成意大利语的。在此之前，莫扎特读过不下百部其他剧本，都不满意。根据莫扎特的审美要求，这部脚本被接受一定是经过反复掂量的，而且没完没了地跟脚本作者商量修改。

莫扎特的考量，一定是以音乐为出发点，他自己便说过："我以为，在歌剧中，诗歌必须不折不扣地充当音乐顺从的女儿。"这是典型的意大利歌剧观念，即作曲家对台本需求的不是什么"文学价值"，"而是得到某种生活画面的感知机会，这幅画面最好能引发灵感，充满激情，从中作曲家能在音乐的帮助下创作自己的东西"。

由此我们会明白，达·蓬蒂的脚本与博马舍的原作距离为什么如此遥远，虽然情节上是一致的，但侧重完全不一样，与其说是遵循原作，不如说是剥离。在这一点上，歌剧脚本具有二元的从属性，一方面原作只具有故事框架的参考价值，另一方面，针对作曲家，脚本也只是启发创作灵感的提示。按照保罗·亨利·朗的说法，歌剧只能从音乐的角度理解才能体现出意义来，否则的话，那些没有戏剧上下文关联的分曲，不管是咏叹调、重唱还是合唱，其内容就显得荒唐可笑了。

另外，这也就是为什么有一些歌剧的分曲一直在各个音乐会上长盛不衰，但全剧早就没人理会的原因所在。记得有个作曲家曾经夸口说过，他能为一个菜单谱曲，而且美丽悦耳，这不是没有道理的。因为那是关于音乐的，而不是戏剧的。在歌剧中，音乐借助脚本的助力飞起来，但把脚本依然留在地面上。

根据音乐的需求，剧中角色的侧重和关键性的段落也有本质区别。例如在博马舍的剧中，伯爵夫人是一个次要角色，忍受着背叛的煎熬，等待挽回负心丈夫的爱情。但在歌剧中，三首咏叹调层层递进，尤其是最后唱道："我的心是仁慈的，我宽恕你。"把整个剧带向了高潮和结局。还有，在博马舍的剧中，伯爵跟假冒苏珊娜的伯爵夫人倾诉爱慕之情，那是一段长长的道白。在歌剧中完全被略去，因为这时候要来一个大咏叹调，会把观众带向歧途，以为伯爵对苏珊娜真的怀有深情，而不是私欲。

第四个要说的是歌剧在意义外延的优越性。

博马舍的戏剧虽然披着喜剧的外衣，实质上是一个社会讽刺剧。它揭示了贵族的愚昧贪欲和下人的智慧之间的较量。如果今天上演这个话剧，观众得对当时的社会等级观念和习俗有相当的了解，否则就会觉得莫名其妙（例如初夜权）。这等于说，脱离了18世纪西方的社会关系层面，这个剧就不好理解，因此它所表现的内容不具有恒久性。

而在歌剧中，老练的脚本作者达·蓬蒂剔除了所有原作中的社会政治内容，这一定也是应莫扎特的要求，也剔除了费加罗对时事的看法，对生活不公的评价，这些可是原作中的重头戏。把这些臃肿的非艺术性脂肪删除之后，故事被提纯，还原到任何时代都会关心的爱情和欺骗的主题上来，这是艺术取之不尽的永恒主题。歌剧的纯粹并不等于说没有思想内涵，而是更加深化和丰富了，同时又跟时代的脉搏相契合。另一个音乐理论家保罗·罗伯逊说，18世纪具有启蒙思想、崇尚理性的作家（包括博马舍），“他们关于理性的定义最主要的是批判性：对他们而言，理性是质疑公认的有关传统、启示、权威主张的心智能力”。

回过头来看莫扎特，在他的音乐中，不是就事论事的批判，而是把所有矛盾纳入和谐的音乐中，最后在合唱的“AMORE! AMORE!”的高音中推向极致。在这里，莫扎特通过音乐，使所有的矛盾关系都得到化解，不是某几个人的，而是全体。这体现出启蒙运动的最高理想，我们可以在此把AMORE理解为“和解”。

保罗·罗伯逊继续说：“启蒙运动最重要的信念在于，确信人类可以战胜人与人之间的种种对抗。”这种信念“它可简单地被称为人性，大方地回应自己的同胞、容忍他人的缺点、欣然准备宽恕”。在莫扎特的剧中，这一思想性不是通过说教，而是自然而然地通过乐队和人声流淌了出来。实在话，当听到伯爵夫人唱道：

“我是仁慈的，我宽恕你。”我被感动得热泪盈眶。因为她唱得那么美，那么深情，那么具有崇高感。正如保罗·罗伯逊感叹道的：“她的姿态显示出人类情感的源泉，它属于一种已经被遗忘的道德施予。”

以上，我通过比较博马舍和莫扎特的同名剧，结合权威论证说明了歌剧在表现戏剧张力方面的优势所在。莫扎特的伟大在于通过音乐，而不是说教，把一个二流的剧本变成了一部伟大的歌剧。对此，除了莫扎特的天才，同等重要的是音乐手段在其中起了根本性的作用。

对莫扎特《费加罗》一剧历来争论不休，18世纪的观众认为该剧显得沉重，缺少策略。而今天，人们又认为这个剧显得天真单纯，大大削弱了博马舍原剧的讽刺意味。对上述二者，笔者持不同观点，第一，当时西欧的观众大多被正统观念和所谓的正歌剧洗脑了，认为如果不是表现历史大人物、神话英雄和宗教圣人内容的作品，都上不了严肃的台面。而莫扎特的剧居然把仆人和贵族放在一个舞台上一争长短，而且仆人，作为社会底层的人是胜利者，他们接受不了。

第二，当今世界的主流意识是怀疑一切的，甚至有些愤世嫉俗，持有这种思想情绪的人，往往不愿意承认，在充满欺骗和背叛的生活中，真的还有美好的东西存在，而我们存在的意义，恰恰是以抱有这种信念为前提的。所以，莫扎特不但是伟大的音乐家，也是跨越所有时代的思想家。在保罗·亨利·朗那部非凡的音乐学作品中，他总结道："莫扎特是所有时代最伟大的音乐戏剧天才。他有这种特殊的地位，得益于他能以绝对的客观心态对待所有事物、所有情境和所有人物。他不像瓦格纳，企图成为奥德的民族导师和赞颂人；他也不像贝多芬，期望企及最崇高的理想境界；他也不像亨德尔，希望成为上帝的代言人。"他只是全身心投入生活，热爱生活，热爱和尊重人，他热爱的方式和表达的语言就是他的音乐。他的纯粹和天才，无人能及，因此，他的剧作才历久弥新。

说了这么多。仍然是门外谈而已。我觉得作为普通观众，要想进歌剧院领略歌剧的美妙和醉人，最好是事先阅读剧情，抛却影视剧乃至话剧给我们造成的既定期待，顽固地坚持歌剧的情节必须跟现实相符合。一个跟我一样是门外汉的诗人曾经这样说过："没有一部优秀的歌剧情节合情合理，因为人们在讲理的时候不唱歌。"

另外，如果能提前能对作曲家、脚本作者、乐队指挥和主要演唱者有所了解，那就更好了。至于说语言问题，我觉得是没法变更的事情，作曲家一定是按照语言的特点来谱曲的。例如虽然莫扎特是奥地利的萨尔斯堡人，但《费加罗的婚礼》却是不折不扣的意大利歌剧。如果把歌词翻译过来，那原作效果就会大打折扣，甚至可能唱不出来，哪怕唱出来也会显得滑稽可笑。

据说现在美国、英国一些大剧院都采用了翻译字幕，打在舞台上方，或者观众座位前的屏幕上，但愿将来能有汉语的。

关于意大利人的种种

对于意大利人来说，事物的表面和本质同等重要。

我在序言中开篇就提过《意大利人》这本书，作者叫路易吉·巴尔齐尼。在我看来他写得既生动有趣，又深藏道理。作为常年为美国报纸工作的意大利人，他有记者敏锐的观察力，活泼有料的文笔，同时又能现身说法，必要的时候，还能跳出意大利人角色之外做一番冷静的评述。

拿《意大利人》这本书比较柏杨《丑陋的中国人》和林语堂先生《吾国吾民》，是个有意思的事情。《丑陋的中国人》强调的是所谓“酱缸文化”，虽然道理没错，但流于偏激和刻薄。柏杨无法谅解中国人随遇而安的生活态度，而这正是英国哲学家罗素大加赞扬，希望西方人能够学习的中国人的最好的品质。林语堂正好反过来，他认为苏东坡式的洒脱，不抗争，管理好自己才情的小天地是中国人最值得称道的精神。但才情虽好，却不过是生存这个房屋的装饰部分，而支撑这个房屋的框架，是生存的起码的条件，即物质的不匮乏，还有更重要的，那就是作为人的基本权利和尊严能得到保障。这后两者，只有在大环境的稳妥下才能真正实现。而良好的大环境不是从天上掉下来的，而是人们不断争取的结果。因此，林语堂或者苏东坡式的独善其身，从某种意义上说不过是自我麻痹、自娱自乐而已。

《意大利人》这本书，比上面两部要更客观，更少意气用事。意大利人的家庭观念和精神气质，跟中国人有好多相似的地方，仿佛我们能在哈哈镜里看到自己，虽然变形，但总体上还是能辨认出来的。

要想了解意大利人，除了逛博物馆，阅读那些名家名著之外，更有趣的是就近观察意大利人，他们简直就生活在表演当中。在此我举几个例子。

试想一辆大巴车行驶在高速公路上，刚好前面有一辆开得很慢的小车。开小车的不是老年人，就是新手。或者更过分，那个司机在边开车边打电话。通常，后面的大巴司机会抱怨，鸣喇叭，以至于骂骂咧咧。而如果开大巴的是意大利司机，他非常有可能从座位底下抽出一个鞭子来，挥舞着鞭子，嘴里嘟嘟囔囔一些只有他自己能听懂的话语，就像赶驴车一样，然后把自己逗乐了。如果前面的车让路了，这个司机更会乐不可支。

这不是我在瞎编，而是亲眼所见。

又或者，如果你在一家意大利酒吧或者饭店，按照中国人的着急方式不断催促，那个留着两撇小胡子的中年男服务员会怎么样呢？他绝不会生气，而是做出戏剧性的谦恭姿态，告诉你“Arrivo subito”，就是“马上来”的意思，而且还不会忘了称呼你先生或女士，好像你是贵族，而他不过是跑堂的。然后你就往地老天荒等吧。他端着托盘，本来走得好好的，到你身前，会突然来几下华尔兹的舞步，然后越过你，给旁边桌的客人上菜。然后他就消失了，你再叫唤，对他来说也不过是春风过马耳。他消失在通往厨房的那扇神圣的小门后面。10分钟以后，你再叫他，他还是非常谦恭地说：Arrivo subito! 就算急得你眼睛冒火，也依然没辙。最后你放弃了，不再催促，只是不断咬免费提供的硬面包条，好像那是这个该死的服务员的手指头。不久，这家伙突然把早就准备好的酒菜给你端了上来，然后祝你胃口好。

他那两撇小胡子可不是白长的。威尼斯的剧作家哥尔多尼的戏剧《一仆二主》中，那个仆人把两个主人玩于股掌当中，就跟赌徒玩筹码一样，颠来倒去，乐此不疲。这个小胡子说不定就是哥尔多尼的传人，真得罪不起。

我的一个法国哥们儿对意大利服务员的姿态，曾经说过一段名言：你如果得罪了他，他说Arrivo subito，那意味着半个小时，或者更久。他如果说momento（一会儿），那也许意味着永远也等不来。而且他的姿态从来不失优雅，让你的恼怒无从发泄，就像石头砸进棉花堆里似的。

他们太享受这一表演过程了。其实中世纪时期的意大利人如果被冒犯了名誉，或侮辱了家人，是相当有血性的，一定会跟人兑命。但随着岁月大潮的打磨，花岗岩也会变成鹅卵石，好多意大利人的血性变成了戏剧性嘲讽。巴尔齐尼在他的书里举了一个例子。威尼斯一个贵族娶了个如花似玉的太太，有天晚上他突然回家，上床睡觉前，发现身旁的太太神色慌张，而床下有响声，他没有声张。就这样，一个在床下，两个人在床上睡了一夜。第二天早晨，这个贵族冲好咖啡，把杯子搁到床下，而且礼貌地问：您喝咖啡要不要放糖？你说床下的奸夫该多尴尬吧，那滋味，还不如被捅一刀呢。

巴尔齐尼说，要了解意大利人的表演天性，应该先从他们的面部表情入手。对此，我也有同感，过去那些年，我带团到意大利，只要闲下来，就找个酒吧露天座位坐下来，要一杯咖啡，然后听周围的人讲话，观察他们的表情。这比看电影过瘾多了。即便我听不懂或听不清楚，也能从他们的面部表情的变化领会谈话的意思。巴尔齐尼说："你可以从他们的表情中看出欢乐、痛苦、希望、愤怒、宽慰、烦恼、绝望、爱情或失望，就像看大字广告一样容易。"对意大利人来说，说话的内容如果跟表情不一样，那就不算数。意大利人天生就懂观察表情。所以意大利人去北欧，经常感到困惑、不愉快和孤独。因为他们周围的人没有表情，意大利人就不知道发生了什么事情。这跟法国人好有一比，法国人个个都是话痨，如果不说话，他们就慌作一团。一个法国人跟朋友约好去一个海岛度假，结果朋友临时有事去不了，他自己去了，因为酒店和机票都预订好了。本来应该在那里呆五天，他提前两天就回来了。我问他怎么回事，他说那岛上都是度假的德国人，安静，不怎么说话，他其实是会德语的，但实在受不了那份孤独。

如果说法国人不说话活不下去，那么意大利人不做手势根本就不会说话。肢体语言对于他们来说太重要了。例如一个游客到意大利一个小镇找厕所，正好对面走来一个抱着西瓜的当地人。游客问他哪儿有厕所。当地人把西瓜递给游客，让他帮忙接一下，然后摊开双臂说："我不知道。"

意大利人最通行的手势是双臂朝下摊开，同时耸肩膀，这意思是"无能为力"；再有就是两手撮着手指头向外画圈，这是强调他说话的重要性，另外，两手合十，就跟作揖一样，这手势有多重意思，第一是恳请；第二，如果他同时嘴里发出"唉唉"的声音，那意思就是"你叫我怎么办？"有点像上海人说"帮帮忙"，带有"别来烦我"的意思。

巴尔齐尼说，19世纪那不勒斯一个牧师编了一本关于意大利人手势的书，厚得不像话。关于《愤怒》一章，就有10种姿势，其中最不好理解的是假装咬自己的肘关节部位。这姿势的意思是“我要用尽一切办法报仇，哪怕像咬自己肘子一样那么难，也要去干。”

意大利人跟你谈话，无论用多少表情，多少手势，甚至跟你拥抱，拍你肩膀，碰你的膝盖，甚至捏你的脸，以强调他对你的感情和真诚，你都不可完全当真。因为那是表演。据我了解，在欧洲，只有意大利人的精明跟中国人不差上下，他们跟中国人一样会算计，其余的欧洲人比如法国人、德国人、比利时的弗拉芒人，捷克人、波兰人，看他们数数，就跟看黑瞎子掰苞米一样。

懂得了意大利人的表演天性，你会跟他们一样享受这个过程，因为表演需要懂行的观众参与。在米兰的一家高级餐厅里，我邻座的一对起码有70岁的老夫妻在桌子上手拉着手，那份亲昵劲儿，似乎无可怀疑他们的感情。但我有一个疑问，如果这家餐厅空无一人，他们会不会还这样亲昵下去？

意大利人的表演高度技术化，你得有相应的经验才能做出正确反应。巴尔齐尼说他一个朋友去那不勒斯，那地方号称“奉承之都”，接待他的人跟他招呼道：“先生，把我当作你最末的仆人号衣上的最后一颗纽扣吧。”他的朋友即便是意大利人，当时也蒙了。而正确的回答应该是：“先生，我最末仆人号衣上的最后一颗纽扣可是钻石做的。”

意大利人热衷于表演的天性，其原因有这么两点。首先，这是他们自我保护的必要手段。尽管被称为发达国家，是世界第8大经济体，欧盟的重要成员国，但意大利的社会组织不够完善，南北的经济发展不均衡，依然存在贫穷、愚昧、不公正和对官方机构和法律的怀疑。如果说中国人忍辱负重、以小草一样的顽强抵御生活的风霜雨雪的话，意大利人则以戏剧化的方式，把日子过得像可以随便拆卸的舞台，他们用仪式、色彩、喧闹、感官愉悦、喜气洋洋的做派把严酷的现实掩盖住了，或者至少淡化到可以忍受的程度。他们只有在自己的家庭中才能真正除掉表演性面具，流露出真我。正如巴尔齐尼说的那样："意大利的家庭是这个国家唯一基本组织结构，是民族气质的自然产物。'家庭'是意大利民族和国家得以维持的坚强堡垒，但同时也是阻碍社会发展的重要因素。"这一点跟中国太相似了。

意大利人热衷表演的第二个原因，是他们每个人都想显得与众不同。他们不会像某些国人一样，刚刚填饱肚子，就开始炫耀手表、皮带、酒吧的消费账单，乃至房子和汽车。意大利人毕竟有上千年的贵族传统，而真正的贵族是不会炫耀自己的财富的，即便是破落贵族也要保有那份显示自己卓越的品位。他们向外炫耀的是个人的杰出，而且往往是这种杰出跟他的出身越远越好。巴尔齐尼举了两个例子，第一个是意大利风格派诗人邓南遮在写作成功后，生活放纵得像一个文艺复兴时代的亲王，跟欧美最著名的女明星上床，而他其实不过是个小商贩的儿子。另一个相反的例子是作家莫拉维亚，他出生于相当富裕的家庭，但通常穿着破旧衣服，特意模仿没有教养的人的口吻写作，跟一些生活窘迫的人为伴。其实他完全可以凭借继承的财产过上舒服的日子。

巴尔齐尼说："意大利人偏爱那些货真价实的、容易理解的、使人愉快的东西。而对那些光荣的、高尚的、超凡脱俗的、侠义的东西总是抱着怀疑。"当然巴尔齐尼上述的观点不可能包括所有意大利人，这个民族毕竟有过但丁、达·芬奇、宗教改革家萨伏纳罗拉、马志尼、加里波第、哲学家克罗齐和当代最耀眼的意大利作家翁贝托·艾柯等人，这些人的成就，既不符合表演的天性，也跟普通意大利人的价值观没有关系，他们是灯塔式的人物。但是，一般意义上看，意大利人的人生观是现实和务实的。他们的审美是从实用角度出发的，他们欣赏的是男子结实的肌肉，是姑娘有多子福相的丰满，把山治理得更好可以多产粮食和水果，大海之所以美丽，因为那里出产很多鱼。

这种追求实际的趋向有时就跟卡尔维诺的小说一样，把人分成截然不同的两半。巴尔齐尼举了马基雅维里和奎恰迪尼（Francesco Guicciardini）的例子。他们俩都是文艺复兴时代的佛罗伦萨人。马基雅维里要年长十几岁，但他们都年纪轻轻就在佛罗伦萨共和国做官。马基雅维里一生不得志，因为他虽然绝顶聪明，但还没有聪明到善于隐藏自己的聪明，消除别人疑虑的地步。而奎恰迪尼比他更近一步，他努力争取出名，但避免达到惊人的地步；他谋取高位，但没高到引起嫉妒和非议。他不论在什么政治情况下都一样飞黄腾达，名声稳固，财富雄厚。他蔑视教皇，但为两任教皇出谋划策过；他仇恨暴君，但并没为打倒暴君做一点事情，而是竭力为暴君服务。他在最险恶的年代里，在高位上平稳退下，经营他的农庄，还写出意大利史学上最杰出的著作《意大利史》。中年以后死于家中。

巴尔齐尼在评价奎恰迪尼时说：“在奎恰迪尼身上，最吸引人、启发人的特点便是他的思想、信仰和公开行动之间广泛的不一致。更吸引人、启发人的还在于这样一个事实：他对于这种不一致不感到任何不自然和惊奇，而是泰然处之。他从来不让内心深处的信仰妨碍他手中的事业。”这不是所谓“厚黑学”，因为他交代在他死后，把他的《日记》出版。在那部杰作里，他把自己的内心真实想法说得清清楚楚。而“厚黑”是浑浑噩噩，是无论如何浅薄，自己的那汪水一定又浑又脏，绝对不能让人看到底儿。这后一点，恰好符合了柏杨“酱缸文化”的定理。

奎恰迪尼，也许是意大利式、实用主义智慧的典范。

如果说意大利人有行事准则的话，那就是，他们可能什么都不在乎，但绝对忍受不了被别人当作傻瓜来对待。跟意大利人打交道，千万要记住这一点。

说了这么多，我把巴尔齐尼书中讲述意大利人最精彩的一段录在最后，作为结语。对于意大利人来说，事物的表面和本质同等重要。“一个人想要理解意大利，理解它的历史、生活方式、文明、习惯并预见它的将来。就必须清楚地掌握这种对外表的依赖性。这一点绝不能忽视，否则就是欺骗自己。这是意大利国民性的基本特点。它帮助人们解决他们的许多问题。它支配着公共生活和私人生活，决定方针和政策。附带提一句，它是意大利人在那些以表现为主的活动中常居优胜的原因之一。这些活动包括建筑、装饰、园林布置、修辞艺术、举行庆典、焰火、仪式、歌剧，现在又增添了工艺设计、人造珠宝、时装和电影。”

通过对路易吉·巴尔齐尼这部杰作《意大利人》的阅读，加上我个人的经验，我得出的结论是，意大利人既不是什么都好，也不是一无是处，他们生活的自然环境、历史和现实，使他们成为应该有的样子；他们性格的丰富和复杂性，成就了他们的独特魅力。

《爱的教育》的故事

人和人不管相隔多么遥远的时空，但基本的情感和内心渴望是不变的，那就是对爱的渴望。

因为听说我研究意大利旅游文化，有一天，一个儿童教育方面的专家跟我联系，希望我能说说当代意大利儿童教育方面的情况。我觉得挺惭愧，虽然我去往意大利的次数很多，也见过好多天真烂漫，像天使一样活泼可爱的儿童，但我毕竟生活在法国，无法对意大利人日常生活做最细致的观察和记录。好在，多年前，我读过一本伟大的儿童小说，最近又重读了一遍。感慨万千。我遗憾是自己小的时候，没有读过这么美丽的作品。同时我也感到欣慰，那就是我毕竟读过这本水晶般的小说，能把这本书介绍给朋友们是我的荣幸。我从来就坚信，人和人不管相隔多么遥远的时空，但基本的情感和内心渴望是不变的，那就是对爱的渴望。这就跟古罗马一位诗人说的那样：“只要是人，都不是外人。”如何培养这种对爱的认知、给予和信仰，如何在最关键的儿童成长期向孩子们灌输爱的理念，爱同伴，爱尊长，爱老师，爱社会，爱文化，爱祖国，恰恰是这本书的基本内容。

这本书就是19世纪末20世纪初意大利最著名的作家之一，亚米契斯写的《爱的教育》。

这本书已经出版了100多年了，但在全世界各地，它仍在不断被翻译和印刷。这说明好书一定会跨越时空、种族和国家这些界限。这本书不仅仅是儿童小说，还是一个小学生的心灵成长日记，是那个时代意大利社会生活的写照，是讲述人与人之间沐浴在爱的阳光中的“圣经”。我敢保证，无论读者处在哪个年龄段中，读了这本书中那些平凡而感人的故事，都会像我一样喉头发紧，心里充满温情，并且重拾对爱与被爱的信心。

上面我说过，《爱的教育》是模拟一个四年级小学生的日记，从头一年10月开学到第二年7月毕业，按月份分章节，由对学校日常生活的记述、父母的叮嘱和每月课堂上必读故事这3部分组成，一共是100篇小文。这些小文各个独立，又彼此相联系，我觉得最好的办法是举出3个部分中各自最具代表性的故事做一叙述，让故事本身说话。

那么我就从第一部分开始说起，那就是，这个名叫恩里科的四年级孩子在学校的日常生活。

当时的意大利，还是男女分开受教育的。当然，恩里科读的是男生学校。他的同学各种品行的都有，但都有一个突出特点，特别淘气。他们刚开学时，一个男老师做班主任。这个老师对学生像个慈父，在做听写时，他在教室里走来走去，观察每一个男孩，有一个孩子脸上起了疹子，他就停下了，摸摸他的前额是否发热，问他有什么不舒服。就在这时，老师身后一个小调皮鬼跳到课桌上做个鬼脸，当老师转过身来，他赶紧坐回去，害怕得不敢说话。老师在做完听写之后，用目光看遍所有孩子，慢慢说道："同学们，我们将在一起生活一年，我们要十分珍惜这一年，你们要好好用功，做到品学兼优。我已没有家庭了，你们就是我的亲人。我母亲去年去世，只有我一个人了。在这个世界上，除了你们，我再没有别的亲人。我真心实意地爱你们，也希望得到你们的爱。我不想处罚任何人。我们的班级是个大家庭，你们就是我的慰藉和骄傲，我要谢谢你们。"

下课后，那个搞恶作剧的孩子来到老师面前，用颤抖的声音说："老师先生，请原谅我吧。"

老师亲吻了一下他的额头，说："回去吧，我的孩子。"

恩里科的班上有一个身体强壮、性格耿直的少年，专门保护弱小而容易被欺负的孩子，比如患有残疾的孩子，驼背的孩子，还有铁匠的儿子。恩里科也受他感染，对这些孩子抱有深深的同情心。因为这些孩子出身贫寒，父母都是劳动者。恩里科的父亲就嘱咐儿子说：“劳动沾上的任何东西，比如尘土啊，石灰啊，油漆啊等都不是肮脏的。劳动本身并不肮脏，也不玷污东西。一个工人干完活时，你绝不能说‘真脏’，你应该说，他衣服上的痕迹是劳动的标记。你要牢记我的话，爱他们，因为他们首先是你的同学，其次是工人的儿子。”

铁匠的儿子很瘦小，因为父亲是个酒鬼，也没有正当职业，喝完酒就无缘无故打孩子。但这孩子从来不抱怨。他学习努力，为人非常谦卑，不管遇到什么事，都会说：“抱歉，对不起。”恩里科对铁匠的儿子抱有深情厚谊，觉得他既善良又勇敢，就主动邀请他到自己家里玩。恩里科拿出自己的玩具火车给铁匠儿子玩。这孩子从来没见过这么漂亮的玩具，爱得不得了。他小心翼翼拿起小火车，一遍遍擦拭，嘴里还不停地说：“对不起，请原谅。”恩里科想要征得父亲的同意，把小火车送给铁匠的儿子。就在这时，他父亲递给他一张纸条，上面写着：“他很喜欢你的小火车，可他没有玩具。难道你没有什么打算吗？”

恩里科立刻把小火车送给了铁匠的儿子。这孩子困惑地问道：“这是为什么？”

恩里科的爸爸对铁匠的儿子说：“你是恩里科的朋友，他喜欢你，把这玩具送给你，为了庆贺你得到奖章。”铁匠的儿子高兴得嘴唇发抖，不知说什么是好。临出门的时候，他对恩里科说：“以后，你到工厂来看我爸爸干活吧。到时我送给你一些铁钉。”

铁匠那个酒鬼，怎么又开始工作了呢？原来是他儿子虽然总受虐待，但一直坚持学习，结果在全班54名同学中考了第二名，获得了奖章。那天，铁匠来学校接孩子的时候，老师对他说：“我真为你高兴，你的儿子好几门功课都名列前茅。他很聪明，又有着善良的愿望，将来前途无量。他是个了不起的孩子。”铁匠听完之后好像突然明白了许多道理。他紧锁双眉，又带着无限温柔和伤感的表情，突然冲上前去，紧紧抱住儿子的头，把他搂在怀里。从那以后，铁匠戒酒了，并且重新开始工作。这等于说，他儿子的人格魅力和坚持，拯救了这个酒鬼。

上面说的都是男孩的故事。那么女校的小姑娘们怎么样呢？书中在11月的一章，讲述了一个扫烟囱的孩子的故事。恩里科说，这是他终生难忘的事情。

这天，一个有700多名女孩的学校放学了，因为接下来是节日，小姑娘们都欢欣鼓舞。但在学校对面的街头上，一个浑身烟灰的小男孩儿在哭泣。他又瘦又小，身背挎包，还带着刮刀。这时，3个三年级的女孩子走过去问他为什么哭得这么难过。

小孩子说，他给人家清扫烟囱挣了30个铜币，但不知道什么时候弄丢了，后来他发现是衣服口袋里有破洞。这孩子用手臂遮住脸，绝望地哭着说：他不敢回去，因为钱丢了，主人会揍他的。

这些女孩子严肃地围着他，其中一个说：“你别着急，我给你两个铜币，我们搞个小小的募集就够了。”然后这些女孩儿呼朋唤友，一会儿这些女孩儿8个、10个、15个凑起了铜币。大孩子们捐得更多，30个铜币已经绰绰有余，但这些小女孩还是不断涌过来。那些没有钱的小女孩儿也想给这个可怜的扫烟囱的孩子送点什么，她们挤过大女孩儿，把朵朵鲜花送给他。这个扫烟囱的小男孩儿站在穿得五光十色的女孩中间，被装饰着绶带、羽毛和卷发披肩的小姑娘包围着。他手里攥着满满一把钱，高高兴兴地擦干眼泪。他的上衣纽扣中、衣服和帽子上插满鲜花，连他的脚边也散落着鲜花。

这些孩子们的爱心，一方面源自他们天性的品质纯洁善良，另一方面，家长和老师对他们的教育也非常重要。书中有一段讲的是恩里科的父亲，也是个教师，在报纸上突然看到他40年前的小学老师还活在人世上，于是他带着恩里科坐火车到乡下去看望自己当年的恩师。

一路上，父亲向恩里科讲述他当年的老师如何爱他，他的谆谆教诲和有时严厉的责备。他们到了乡间小镇，看到一个瘦高的老人，手颤抖得厉害，但眼神炯炯有神。

父亲激动地说：“太好了，请允许您以前的一个学生握握您的手吧。”

当老人回忆起他当年的学生，也无比兴奋，他慢慢地说：“那么，请允许我……亲爱的先生……请允许我……”说着，两个人紧紧拥抱在一起。

在老师的家里，老师居然从抽屉里拿出一个小包，打开之后，抽出一张纸条，那是40年前，恩里科父亲的小学作业。那上面居然留有恩里科奶奶修改的拼写。

恩里科父亲频频吻着这张旧纸条。

老师说，他经常浏览这些作业，好像又回到了令人难忘的往昔。他说他全记得这些学生，不久的将来，他到另一个世界时，他仍然爱着他们所有人。

恩里科的父亲动情地回忆道：他刚到学校的时候，是母亲送他去的。他们是第一次分别两个小时，彼此都很难过。父亲对老师说：“为了把我托付给您，她用颤抖的声音跟您说话。当她要走时，还不忘透过门的孔眼，眼泪汪汪地跟我话别。这个时候，您一只手向她做个手势，另一只手按在胸前，仿佛在说，‘夫人，请相信我吧。’那动作是一种诚心诚意的许诺，保证您一定呵护我，疼爱和关心我，当时的情景铭刻在心，永生难忘。”

恰恰是当年老师的爱，成就了恩里科父亲，最后也成为了一位称职的、具有爱心的老师。你想想，这种懂得感恩的言传身教，对恩里科的成长会起多大的正面作用。

不仅仅对老师，恩里科的父亲当提及祖国时，对儿子说道：“我爱你美丽的大海，爱你高耸入云的阿尔卑斯山，爱你庄重肃穆的纪念碑，爱你不朽的历史，爱你的光荣和美丽。我爱你，爱你整个的国土，如同眷恋我的那一块土地，那是我第一次见到阳光的地方。”

上面，我简单叙述了《爱的教育》其中两部分的一些内容，第三部分是孩子们每个月要读的故事。这些故事写得都非常好，其中有一个热那亚13岁男孩儿，只身横跨大洋，到阿根廷寻找母亲的故事；有在意大利独立战争中，一个14岁的少年鼓手，为了部队解围，冲破枪林弹雨，最后完满完成任务，但自己却失掉了一条腿的故事，等等。但最令人感动的故事名字叫《佛罗伦萨的小抄写员》。

话说一个12岁少年，家境贫寒，父亲为了养家糊口，在业余时间承揽了一项抄写报纸和出版社订单的工作。他每天要抄写到夜里12点。有一天，儿子对父亲说，他可以帮忙抄写。但父亲拒绝了，嘱咐他要好好学习。但儿子藏了个心眼儿，每天到了夜里12点钟，他听到父亲熄灯上床睡觉时，就偷偷起床，来到书桌前，模仿父亲的笔迹抄写订单。一段时间之后，老师向他的父母抱怨说这孩子经常在上课时打瞌睡，学习成绩也下滑。他父亲责备他，但他没有一句辩解，仍然继续替父亲进行抄写的工作，每天都到凌晨4点。因为订单很多，他父亲不可能一一清点，但总是感觉自己的抄写进度有相当的提高，赚的钱也比过去多了不少，他感觉很纳闷。过去了3个月之后，有一个晚上，这个小男孩在抄写过程中把一本书碰掉地上，弄出了声响。结果惊动了父亲，也使他终于明白了真相。

父亲吻了孩子的前额，泣不成声地说："我全明白了。我的小宝贝，请你原谅！"他把孩子领到母亲的床前，把孩子推到母亲的怀抱里说："快亲一亲这个天使般的孩子吧。3个月来，他没睡一个好觉，一直为我工作，给全家挣钱糊口，可我伤透了他的心。"母亲把他紧紧搂在怀里，半天说不出一句话来。

那个晚上，是3个月来，这孩子第一次享受睡眠时光。当他醒来时，恍恍惚惚感觉有人坐在他跟前，然后看到一个白发头颅靠在床沿上。原来是父亲用他的前额贴着他的心睡着了。孩子的父亲就这样度过了一夜时光。

说实话，我非常想把这本书逐字逐句在这里写出来，但这是不可能的。我可以介绍书，但我不可能代替别人阅读。我觉得读到这样的书是一件幸福的事情。因此，我在这里，把《爱的教育》这本书郑重推荐给我的小朋友和大朋友们。这本书的原名，如果直译过来，叫《心》。其实我上面讲到的，不过是这本书的很小一部分。最好的内容，还得读者自己用心去读，用心去体会。

吃货意大利

人们对周日灿烂阳光的喜爱，对热恋中情人的赤诚，都不如对tortellini，也就是奶酪饺子来得那么自然，那么热烈。

在那不勒斯，也许有人要去找创制了比萨玛格丽塔的那家老店，其实用不着那么费劲，玛格丽塔王妃访问那不勒斯，已经是100多年前的事儿了。因为实在无法拿出真凭实据，所以至少有两家店声称比萨玛格丽塔是本店的遗产，而且还堂而皇之地挂着牌匾。所以，解决这件事的最好办法只有两个，第一就是两家店都去吃。或者两家都不去，但是在此之前不妨跟我一起了解一下意大利的其他美食以及它们的历史发展和现状。要知道，意大利是真正全民吃货的国家，而且是抵制标准化快餐的坚强堡垒。

首先，我们得了解一下意大利除了比萨之外还有什么美食？意餐和法式大餐区别在什么地方？为什么说在意大利点餐、用餐，能体现出一个人的文化修养和文明素质？最后，也是最为重要的，我如果能帮别人在意大利吃得满意，避免无可奈何地找那种半土不洋的中餐或者标准化洋快餐，那就是我最开心的事儿了，让我们来试着探讨一下这种可能性。

我有一个法国司机朋友，对那不勒斯深恶痛绝。他跟我说，有一次他开了一辆9座面包车到那不勒斯，晚上把车停在海边的收费停车场，第二天一早，他到停车场，发现自己的车子矮了一截，原因是下面4个轮子没了。他找管理人员，那人耸耸肩膀，一脸无辜的样子。他打电话给警察，警察刚到，一个小男孩推着一个小车也到了，车上放了4个轮子，说是卖二手轮胎的。他立刻告诉警察说这4个轮胎就是自己车上的。警察问你怎么能证明呢？最后，小男孩和警察一起劝说我的朋友把自己的4个轮胎买了回来，自己装上。他大骂那不勒斯那地方简直蛇鼠一窝。我听罢大笑，问他后来怎么样了。他说：我找了个好地方，大吃一顿，心理平衡了许多，才开车离开。我问他，吃得好吗？他说："这些该死的意大利人就有一个好处，真他妈会做饭！"

让我们言归正传。

我们在意大利吃饭，遇到的第一个问题，肯定是语言不通。这确实是很大障碍。记得有一个极端的例子，当年刚改革开放，国内沿海一些城市的某些饭店拼命装洋气。话说一个上班族老兄刚拿到工资，决定领着老婆孩子到一家这种装雅的饭店去挥霍一下。坐下之后，服务员递过菜单，上面一个汉字没有。这老兄也不想显得自己是个土鳖，所以也不问，照着菜单前排点了3个最便宜的。然后等着，等了好久不上菜，这老兄忍不住问服务员。服务员回答："先生，你刚才点的三首爱情歌曲已经播放完毕。请问先生现在要结账吗？"

这不过是个段子。即便语言通了，如果不懂，还是点不了菜。我就有不少这种尴尬的经历。后来，我每到一个新地方，先在书上和网上把要去的地方的特殊菜品弄明白，甚至写了笔记，然后才出发。我认为，到一个地方，在条件允许的情况下，品尝一下当地餐，是旅游的一大收获。否则就是损失。

再说法餐和意餐的比较。

法式大餐让有些人吹得神乎其神，其实，说这些的人不见得多有见识，多半是为了显摆。对于普通食客来说，法餐有几项不尽人意的地方。第一，最正宗的法餐贵得离谱，比如米其林三星餐厅的一小碗松露蔬菜汤，就要80欧元，两口就见底了。而在意大利，比如那不勒斯比较好一些的餐厅，一客松露意粉也不过40欧元左右，而且你肯定能吃饱。第二，法餐让人津津乐道的鹅肝酱、蜗牛什么的，其实都是前菜，根本不是主菜。法式主菜的食材很普通，但它的浇汁却是秘方，必须现做。正因为如此，正经的法餐上得太慢，有时40分钟过去，吃客眼前还是空空如也。这样，就不是吃

意大利餐桌

饭，而是磨炼耐心了。说实话，人在饥饿的时候通常是最没有耐心的。第三，如果有人请客吃法式套餐，菜量确实有些大，通常是五道。这让好多同胞处在两难境地，剩得太多，对主人不礼貌；而强塞又自己难过。这一方面是中法饮食习惯不同，还有就是饮食文化不同。这些法国人在餐桌上太能讲话，往往伴随着让人眼花缭乱的手势和表情，而且超有战斗力，一餐饭往往持续5~6个小时。也就是说，吃饭过程也是他们消耗的过程，所以，他们不会觉得菜量太大，能应付自如，并且乐在其中。最后，也是最让人头痛的，就是法餐的高度仪式化。那么多餐具、器皿，每样怎么使用都有严格规定，用餐中剔牙、吧嗒嘴，或端起盘子往嘴里呼噜，法国人看了会一脸焦虑。假如按国内某些规矩，跟服务员要一罐雪碧兑白葡萄酒，或者可乐兑红酒喝，法国人说不定会气昏过去的。

而意餐菜饭搭配合理，经常菜即是饭，反过来也一样，饭也是菜。又因为做法简单，好多辅料可以提前制作完成，所以不会让客人等很久。总归起来，意餐分蔬菜沙拉、米饭、面食、甜品和其他各种主菜。因为意餐地方的多样性，没有一个像法餐的程式化标准，每次吃饭都会有一种带有悬念的乐趣。

面食是意大利人的骄傲，意大利人在文艺复兴时期的15世纪，就已经出版了第一部烹饪专著，那里面强调说，最宽的意大利面lasagna，在古罗马时期的菜谱中就有记载。书中一再强调，马可·波罗到东方漫游，跟意大利面没关系。有人甚至考证说，在马可·波罗出生前，意大利地方菜谱就记载过macaroni，也就是通心粉这一词汇。意大利面应该是起源于西西里，因为那里是硬质小麦的产地，随后普及到了整个意大利半岛。意大利人热爱面食，而且给不同形状的面食起了不同的名字。比如在意大利南部流行的一种小而短的面条，名字叫vermicelli，直译过来叫“小爬虫”，比如像蜗牛壳一样的面，叫lumache，比如像蝴蝶一样的面叫farfalle，名字跟它们的形状是相通的。最有意思的是叫tortellini的意式奶酪饺子，据说灵感是来自维纳斯。话说有一天维纳斯女神降临尘世，暂住在一家旅馆里。一个幸运的厨师隔着门缝看到了女神的肚脐，引发了灵感。因此这个小饺子又叫“维纳斯的肚脐”。你想知道这个维纳斯肚脐里包的馅吗？里面有煮烂切碎的奶酪、猪五花肉、小牛头肉、鸡胸脯肉，再加上香草、胡椒、丁香、生姜，最后放入鸡汤或肉汤煮熟，连汤一起上桌，这个汤还得用藏红花上色。这道菜出自博洛尼亚，当地人爱得不得了。怪不得有个记者说道：“人们对周日灿烂阳光的喜爱，对热恋中情人的赤诚，都不如对tortellini，也就是奶酪饺子来得那么自然，那么热烈。”

意大利人对面食的依恋甚至到了癫狂的地步。历史上就有记载。中世纪在意大利南部一个叫巴里的城市，西班牙人统治时期，当地人一向逆来顺受。当西班牙人对面粉开始收税时，当地人揭竿而起，跟西班牙士兵巷战了一周。最后，西班牙人不得不取消这项税收。现代的也有一例，二战时，意大利士兵被盟军俘虏了很多，这些俘虏很温顺听话。但有一次一个战俘营暴动了，战俘们全跑了，原因是另一个战俘营有意面供应，因此这些战俘都跑到另一个营地去抢意面吃。

再宽泛一些说，意大利面在欧洲大有市场。有一个很好玩的事儿，1957年4月1日，英国广播公司在电视上报道了一条新闻，说通心粉的收获季节到了，而且还播放了意大利人从树上收取通心粉的画面。尽管在报道的最后，强调了那天是4月1日，等于说暗示了那天是愚人节，但是第二天，电视台的电话还是被打爆了，人们都来询问哪里能买到长通心粉的树苗。这些可爱的英国人，一定是炸薯条吃腻了。在这里，还有个小故事，说是意大利人不大喜欢土豆制品，原因是最初土豆被引进时，宣传说吃土豆可以壮阳，结果这些意大利人吃过之后感觉很失望。因此一直冷落土豆。

意大利全境75%是山地，但是，每年生产170万吨大米，是欧洲最大的大米出产国。所以，意大利的米饭也相当出名。它们统称叫risotto，但因为配料不同，有相当多的花样。简单说，意大利米饭其实是烩饭，主要流行在北部。比如海鲜risotto，芦笋risotto，蘑菇risotto，或者更高级的白松露risotto。不管用什么配料，有一样是不变的，那就是制作时一定放入奶酪或稀奶油。点这种烩饭最好挑选那些比较正规的餐厅。我曾经尝试过在一家很小的店里要了一客烩饭。米粒太硬，俗称夹生饭。吃过之后胃里很不舒服，感觉好像有人在我肚子里给水稻插秧。

我曾在意大利中世纪流传下来的菜谱看到，光是烩饭，就有45个变种。其中最让我口水直流的叫伦巴第风味烩饭。这道烩饭是这样做的：先用阉鸡、鹅肉和香肠熬高汤，再用这个高汤把米煮熟，然后盛盘，在这上面第一层撒上奶酪末、糖和肉桂皮，第二层铺上奶酪片、鸭胸肉片和鹅肉片，还有大片的香肠，最后再撒上奶酪末、糖和肉桂皮，形成第三层。妈妈咪呀，说实话，我希望能找到这种按古方制作的烩饭，不过十几年过去了，我仍然在努力寻找。

说到这种烩饭，我觉得米兰有一家大百货公司顶层的餐厅做得最好。不是烩饭如何出色，而是菜谱上直接有汉语翻译。比如海鲜烩饭，那个菜牌在汉译的修辞上显得很有诱惑力：地中海小虾仔、黄金青口、芦笋幼苗、乳酪什锦烩饭。其实按东北话说就是虾皮、海红加奶酪和芦笋片的炒饭而已。但他那么写，确实让人怦然心动。感觉每吃一口都高大上，吃完一高兴，说不定就去楼下买一个1000欧元的包包。这是米兰商人典型的狡猾伎俩。

意大利甜品太多，可以这样说，我所知道的人，除了阿拉伯人之外，就属意大利人最喜欢加糖的食物，而最普及，也是最便宜的甜食就是冰激凌。意大利大部分地区处在亚热带地区，炎热的日子多，所以冰激凌广受欢迎。其实我觉得最重要的是意大利人在做冰激凌时肯往里放料，说白了，冰激凌如果没有好料，那就是碎冰渣而已。到过意大利旅游的人，喜欢说罗马的，或者佛罗伦萨的冰激凌好。其实更南部的，例如那不勒斯或者西西里的更好。我尤其推荐一种加了开心果碎屑的冰激凌。那种香甜、爽口、细腻，同时还带有坚果的芬芳，确实让人难忘。餐馆提供的餐后甜品五花八门，在此没法一下说清楚。我个人喜欢的，除了提拉米苏之外，还有两种，第一种叫panna cotta，我不知道应该怎么翻译，应该是乳清奶酪蛋挞。另一种是西西里的特产，是一种包着奶酪、可可粉等馅料的蛋卷，叫cannoli。我在西西里首府帕勒莫的一家推荐餐厅点过这个甜品，确实不错。当时还跟餐厅老板闹了个小笑话。因为两次去到这家餐厅，老板认为跟我已经是朋友了，所以跟我聊了几句，以表示亲近。这家餐厅的名字叫Gigi Magna。于是在闲聊时，我问老板，为什么起这样一个名字。他回答说："我的名字就叫Gigi Magna。按照你们日本人的意思，'鸡鸡'是老先生的意思。"我听罢一口酒差点没喷出来。我强忍着笑跟他说："我不是日本人，是中国人。这名字好，响亮！"我没敢跟他说"鸡鸡"在汉译里的意思可比日语有趣得多。

前面我就说过意大利全国人民都是吃货，这是指意大利人对本国饮食的热爱和维护，以及对标准化快餐的本能抵制。这里有一个权威数据，麦当劳在意大利开了300多家店，一年只有总人口的6%光顾过那里，其中如果减去外来游客，那本地人吃汉堡的更是少之又少。到现在，西方人也开始逐渐认识到意餐的好处。

有人做过一个统计，在7个国家随机调查了1万多个40到59岁的居民，结果证明吃意大利式，或者叫“地中海式”饮食的人患冠心病的概率偏低。所以有人推出了“地中海饮食法”，其中主要几项是这样的：

大量食用水果、蔬菜、面包及其他谷物类食品。橄榄油是重要的不饱和脂肪来源。奶制品、鱼类和家禽肉的食用量应保持中低水平，尽量少吃红肉。一周吃鸡蛋的频率不高于4次。适量或少量饮酒。

关于意大利餐饮，要说的太多了。但是吃饭不是说的，而是勇于尝试，经验累积多了，自然就有心得。其实意大利餐最棒的，也许是服务员的态度以及就餐的环境，当然，得到周全服务，感觉身心愉悦，这是双向的。也就是说，我们得尊重当地风俗，有良好的就餐礼仪，尊重那些为我们提供服务的人，由此获得的友情回报也许是预料不到的。

“意大利的魅力”应该在我们自己身上找

从这本书的前言开始，对我个人来说，绝对是一个学习的过程，而且并没有终止。这一学习过程的开始，是由巴尔齐尼那部杰作启发的。

我曾反复提到了《意大利人》这部书，作者巴尔齐尼说，针对意大利，最典型的陈词滥调就是说那地方“阳光灿烂”，人们用几天时间飞快掠过意大利全境，一个地方只呆那么个把小时，典型的孙猴子式“到此一游”，然后就跟人吹嘘领略过了“意大利的魅力”，说这种魅力是永恒的。

看到这儿，我不由得连连苦笑。我就出过一本书，名字就叫《Ciao!阳光下的意大利》。以巴尔齐尼为代表的这些高人们自然会嘲笑我满嘴陈词滥调。但请反过来想，所谓陈词滥调，是因为某种共识存在其中，说多了，有人就认为那是陈词滥调，但至少我没称赞北欧的冰岛“阳光灿烂”吧。下面我就以巴尔齐尼认为的陈词滥调为线索，说一说什么是意大利的魅力。

巴尔齐尼说，好多去意大利的理由纯属虚构。他的这个观点我部分同意。比如就拿“阳光灿烂”来说，当人们真正有闲暇工夫，即所谓旅游旺季去意大利时，遇到的往往不是什么“灿烂”，而是“烧烤模式”。举例来说，波河平原有阿尔卑斯山影响，应该气候宜人，但我在某一年的复活节期间，也就是4月份在米兰经历过35摄氏度的高温，而且车上的空调还坏了，坐在车上的一个人直接跟我说他热得想自杀。

意大利除了那不勒斯之外，其他主要旅游城市都在谷地里，佛罗伦萨在阿诺河谷地，罗马在7个山包包围下的台伯河谷地，威尼斯的建筑密不透风，如果有海风，也是无情地朝外吹，热得让人无处躲藏。盛夏季节，人如果在梵蒂冈外面排队等候进入圣彼得教堂，最后真进去了而没有血压升高、心脏怦怦乱跳、头昏眼花，那他的身体属于体育健将级别的。那个时候，我总是能听到罗马的救护车不祥的鸣笛声，把那些中暑的游客拉往医院。

时隔多年，我才真正理解了一个来自中国南方的年轻女士，在面对这种天气时的苦衷。她要求我每天给她弄一个生鸡蛋，说是偏方治病。在中餐馆，在酒店里我都有办法帮她，但有一天在荒郊野外的一个加油站，我正急匆匆奔向厕所，她拦住我，管我要生鸡蛋。我实在不耐烦了，指着厕所说："你等着，我上那里去给你下一个。"这一下子得罪她了。后来我才知道，她要生鸡蛋是做一种特殊面膜，以抵抗意大利的"阳光灿烂"，就像透明的"脸基尼"一样。

但越是在这种"阳光灿烂"的时间内，意大利的游客就越多。除了天气，再加上人群的散热和那种因为过于密集而产生的焦虑情绪，更让人受不了。意大利的游客多到什么程度呢？有天中午在佛罗伦萨市政府广场，我带的团上一个女孩子满脸流汗、兴冲冲地跑过来跟我说，她刚才看见了李安导演一家就在广场上。她说他太崇拜李导了，尤其是他拍了《色戒》之后，她做梦都在回忆那个电影。我说那你赶紧去吧，李安虽然是个国际大导演，但为人儒雅，绝不会拒绝你跟他合影的。这时，李安一家已经离开，渐渐混入人群当中。这个可爱的女孩子追了过去，一边跑，一边高喊："李导，请等等！"李安一家根本找不到了，倒是广场上最少有6个人听了那喊声转过头来，这6人都是中国人，而且都是导游。我想她要是喊斯皮尔伯格的话，说不定能有8个美国导游应声回答。

第二个去意大利的虚构理由就是好古和爱好艺术。没错，罗马城有将近30个世纪的历史，那里有大片古迹，佛罗伦萨有世界上最好的博物馆。但是，真要是好古，为什么不在去到罗马之前好好读点像样的历史书，比如蒙森的《罗马史》、爱德华·吉本的《罗马帝国衰亡史》等等。有了这种前阅读准备，也许就不会被那些不良导游糊弄住了。当下，很多人在说读书的必要性，但真实情况往往是叶公好龙式的，就拿讲述罗马的典籍来说，所有关于罗马建城的传说都是来自李维的《建城以来的历史》这部书，而且并不难读。但是，更多人选择了一个日本老太太盐野七生写的，厚达15卷的《罗马人的故事》。这就跟不看《论语》原著，而是听一个所谓名嘴讲《论语》一个道理。她的讲述，正应了鲁迅先生的，“密密的插入鬼话”。

至于说博物馆，我敢保证，意大利的常规线路，国内国外几乎没有任何一家旅行社，在佛罗伦萨的行程上安排了乌菲兹博物馆的参观，因为那需要大量时间。而这些旅行社按客户的要求，多去地方，少花钱，这样的话，进博物馆，时间上就有冲突。所以人们只在城市的表面上一扫而过，所看到的所谓艺术品都是复制的，但很少有人对这样的安排提出质疑。我所认识的导游同行，哪怕干了十几年的老家伙，去过300次意大利，也没有几个进过乌菲兹博物馆、梵蒂冈博物馆和威尼斯总督府博物馆的。为什么会这样，因为游客需要这种安排，仅仅满足于“去过那里”这一需求，跟热爱艺术没有多少关系。如果说有点牵连的话，就是匆匆拍几张手机快照，买上一本画册，再听听蒋勋教授讲讲美术史，以装点门面即可。这跟上面说到的假好古是一个道理。这不是某些旅游组织者的，而是全体的问题，也就是说谁参与这个低价的、投机取巧的把戏，谁就应该承担部分责任。

去意大利最站不住脚的理由就是朝圣。对信仰这个艰深的问题，国人往往会给出最简单的反问：我如果信了，这能给我带来什么实际好处？这跟当年马可·波罗的父辈和蒙古的大汗的对话如出一辙。大汗对波罗兄弟，也就是马可·波罗的父亲和叔叔说："我要是改信基督教，成为一个基督徒，朝廷里的人会问我有什么充分的理由要接受洗礼。他们会问，基督教的传教士表现了何种力量，显示了什么奇迹出来？"这对话虽然过去了700多年，但到今天依然鲜活。简单说，如果不能为人增加财富、使人步步高升，又避免疾病和灾祸，那么信仰又有何用？所以，虽然全世界最大的天主教堂都在意大利，这些教堂如果说是神圣之地，毋宁说是华丽、堂皇和排场浩大的场所，使人产生一种艳羡和敬畏感。这种情绪虽然表面上类似宗教感悟，但本质上其实是两码事。

都说意大利餐很棒。这一点没错，我自己就非常喜欢意大利餐，例如最简单的比萨和意大利面。但是，我所了解的，跟表面的称赞相去很远，例如某年夏天我带了一帮国内中学生，在德国伯恩的一家地道意餐馆，我给每人叫了一客比萨，并不大，但最后几乎每个人都扔下了一半，那场面非常非常难看。而这些正在长身体的孩子，吃起垃圾零食来，就跟有5个胃口的骆驼一样，永远也吃不够。也许他们的理由是那家的比萨不像"必胜客"，不可口。但他们不知道，"必胜客"对意大利人来说，就像猴子装人一样那么拙劣。全球范围内，"必胜客"只有在俄罗斯和意大利寸草不长，前者是因为意识形态上反美，后者是因为在饮食上反美。

还有人反复说意大利式的爱情。但他们不知道，意大利式的爱情是绝对务实的，他们的欲念是最好省略那些铺垫成分，什么红烛晚宴、一起在海滩漫步、畅谈人生理想、轻轻地触碰一下身体所激起的无限遐想什么的，这些统统是耽误时间的累赘。他们想要的就是直奔主题。这样的直接表达，使那些对小资情调心心念念的女孩子根本受不了，认为那很下作和肮脏。同样的，意大利人也受不了。一个颇有情调的意大利小伙子就跟我抱怨，说中国女孩儿跟一团美丽的云彩一样让人无法捉摸。他说，他邀请一个相互有好感的中国姑娘去酒店，那姑娘说，按照她外祖母以来给女人定下的规矩，跟男人交往，相处3个月可以拉手，半年没吵架可以亲吻，登记结婚后才能上床。说罢他痛苦地摇头，咬自己的拳头。我大笑不止，这真是烈火遇到湿柴火了。

说了这么多风凉话，难道意大利的魅力都是编造出来的？这当然不对，其实上述我所反驳的理由从另一方面看都能成立。意大利确实有魅力，比如气候。如果在10月份过后乘船去阿玛菲海岸一带，望着远处彩色的、错落有致的房屋和湛蓝色的、波澜不惊的海水，那时的心情，除了想哼哼闻名全球的那不勒斯民歌，还有就想说一句陈词滥调：真是心旷神怡啊！或者在春天的时候去托斯卡纳乡间待上几天，那波浪起伏的山丘、一片片黄色的油菜花田和一簇簇灰绿色的橄榄树，山间那里一个城堡，这边一个教堂的塔楼，古老的房屋都像玩具一样，仿佛被淘气的孩子藏在树丛和田野深处。夕阳西下，教堂的钟声鸣响过后，听着村妇像唱歌一样的大声闲聊，然后惦记着晚餐那盘热气腾腾的意面和红宝石颜色的葡萄酒，人们会觉得真正接近了生活至善至美的境界。

比如说好古，这没错。罗马城能把将近30个世纪的城市发展以实物呈现出来，除了罗马，世界上再也没有这样的城市了。认真对待历史的人知道，历史是现实的后视镜，其功能是帮助人们校对前行的道路。就拿罗马帝国来说，那不是一帮乌合之众组成的团体，好战然后腐败，通过浏览蹩脚的演义和戏说就以为了解了全部。罗马帝国组织的完善，就拿今天最好的政府来比较，也有过之而无不及。毕竟，现在世界上任何一个国家，都没经历过上千年的发展来验证它的生命力。真正好古的人，也许是爱德华·吉本，他就去过一次罗马，结果启发了他毕生的事业，要把这个伟大国家的兴起和衰败用文字还原。他的书，尽管是通过翻译，也不失庄重、典雅，优美而有力，跟那个伟大帝国是完全相符的。我个人认为，哪怕读他的一页书，也比看唠唠叨叨十五卷要受益多得多。它们不可同日而语。一句话，好古要有相应的阅读经验和真正当回事的态度。

下面一个问题，艺术是什么？先说它不是什么。它不是拍卖会上举出的天价牌子，不是装饰品，不是名气的对应物。那些真正的杰作，是生活的比喻，是人类文明发展过程中有形的审美表达。

当然，欣赏过艺术品，不会立刻产生实际作用，它们不会帮助人们解决夫妻之间的不和，或者能促使人多赚钱又不生病。但是，这个世界上优秀的东西无疑都是从艺术品得到启发而被发明和创造出来的。从这个意义上说，艺术是一切人为的美好事物的酵母。一个没有审美趣味的人不可能有创造力；一个缺乏艺术品位的民族是落后和野蛮的；一帮理论上说求知欲最强的中学生在最好的博物馆里，排排坐定，一起玩手机游戏，这不仅仅是他们的责任，而是全社会的责任。当年一个学者曾经撰文说，北京公安局“扫黄打黑”，抓了一帮小姐，翻她们包包的时候，找到了三样东西：口红、避孕套和某某某写的关于文化艺术方面的书。如果所谓追求艺术变成了这种文化口红现象，实在可悲。难道实际情况不正好是这样吗？卢浮宫参观一般安排一个半小时，除了找厕所和迷路之外，再就是直奔《蒙娜丽莎》《米罗的维纳斯》和《胜利女神》雕像，手机拍照。而在佛罗伦萨更简单了，干脆不安排乌菲兹博物馆。稍稍有心的人看看复制品，听听蒋勋就觉得足够了。

还有更重要的，就是宗教问题。按照无神论的传统，一切宗教都是迷信。这可是省事的结论。但是，迷信是确信自己的头撞了轿车，轿车被撞一个瘪，而他的头完好无损；迷信是确认某大师在3000公里以外发功，能灭了森林大火。这样的例子还能举出很多，按照东北话说，迷信就是瞪眼扯犊子。那么为什么那么多人相信它呢，除了愚昧无知之外，那就是幻想这种迷信能给人带来实际好处。这还是功利主义在作怪。而普世宗教的精神，是期望人们超越自身，对人类的大我进行关怀。意味深长的是世界上所有发达国家，恰巧都是有宗教信仰的，不管是信仰天主教的旧大陆，还是新教伦理占主导地位的北美，单单就冲这一点人们就无法反驳宗教的历史和文化作用。

总体来说，意大利人是优雅的。是他们在17世纪教会了欧洲人使用叉子，而不再用手抓饭吃。再早些时候，从他们开始，欧洲人懂得了注意个人卫生、相貌形体健康优美、穿着得体的重要性。他们充满灵性、活泼，懂得什么是生活艺术的真谛。他们所操的语言具有丰富的音乐性，他们身上有一种其他欧洲人缺乏的特别气质。他们虽然热衷表演，但整体上来讲他们是诚实的和有教养的，正如巴尔齐尼说的那样，19世纪闻名欧洲的大骗局，没有一个是意大利人搞出来的（也许庞氏骗局[1]是例外）。

综上所述，历史、艺术、宗教、饮食、时尚和人，意大利在这些方面都具有独特的魅力。而我们，包括我自己在内，对外界的认识还处在生长期，需要在不断开发自己的同时，逐渐领略意大利的美

---

[1]意大利裔投机商查尔斯·庞兹（Charles Ponzi）在1919年策划的企业投资阴谋中，许诺投资者将在三个月内得到40%的利润回报，然后狡猾地把新投资者的钱作为快速盈利付给最初投资的人，以诱使更多的人上当。庞兹成功地在七个月内吸引了三万名投资者，这场阴谋持续了一年之久，才让被利益冲昏头脑的人们清醒过来，后人称之为“庞氏骗局”。

丽和丰富，从而充实我们自己的生活。

从这本书的前言开始，对我个人来说，绝对是一个学习的过程，而且并没有终止。这一学习过程的开始，是由巴尔齐尼那部杰作启发的。

意大利旅游安全面面观

旅游是庸常人生的精彩部分，是自我的文化再造，当然也包括自我管理和自我发现。这其中包括如何应付外界的风险和保有平和但机警的精神状态。

我曾跟一个那不勒斯司机一起工作了10天，闲下来的时候，我问他，意大利记者萨维亚诺在《蛾摩拉》这本书中描写的关于那不勒斯郊外有组织犯罪的事情是不是真的。他回答说，百分之百是真的。但是，他强调说，这种犯罪不会针对无辜的人下手，所以，游客对于那不勒斯以及周边地区的安全问题不必谈虎色变。

对他的话我半信半疑，因为实在说，旅游路上遇到抢劫、偷窃这类事情，如果发生在别人身上，似乎像一个谈资，但到自己，那就是不折不扣的灾难。哪怕不是被抢的那个，只是卷入其中，也麻烦大了去了。2014年夏天，我带的团上一个年轻女学生，在巴黎郊外被抢，实在说抢劫和被抢双方都有责任，我们全体40多人都在餐馆里吃饭，而她非要特立独行，挎着香奈儿包包，踩着高跟鞋，露着大白腿，在黑人出没的地方走猫步。她的姿态就跟给野狗准备的带肉的骨头一样无法抗拒，结果被两个歹徒抢了。第二天一整天，我帮她到警察局报失，到使馆办临时旅行证件，费尽周折把她送到返回英国的车上。我自己搭了500多欧元给她。她临行前千恩万谢，要我的微信，我的银行账号，随后就像一股烟儿一样消失得无影无踪。我只得自认倒霉。

我痛定思痛，决定在这最后一章里强调一下在意大利旅游自我防范的事儿，没有这个做保障，那些博物馆、历史文化什么的都不过是海市蜃楼。

旅游途中的第一要义是把证件和钱物贴身保管好，这简直就是一个常识。所谓常识就是介乎于聪明和愚蠢之间的东西。说是聪明，那就是不证自明，只需要严格遵守即可；所谓愚蠢，就是这种事情，如果需要别人反复强调，那就是彼此都够愚蠢的了。若没人强调也没人在意，就是蠢上加蠢。2015年，我在法国加莱接英国过来的团。在座的导游我基本都认识，只有一个年轻人面孔陌生，我打听别人才知道，他是另外一家公司雇的导游。他那副冷漠的面孔，让我明白了，这孩子肯定没怎么干过这活儿，用傲慢来掩饰内心的紧张。

随后，我们的团都先后去到意大利。在去罗马的途中，一个惊人的消息慢慢在我们圈子里散播开。这年轻导游带着40多人，大巴车停在梵蒂冈后面的格里高利七世停车场。他没有特别嘱咐客人带上证件和钱财等贵重物品，同时还把司机招呼去附近一家中餐馆吃饭。那时是傍晚，等他们一行吃完饭，回停车场，发现车子没了。就是说盗贼把车门弄开，把整个车子开走了。这些人惨透了，因为至少有一半人的护照签证什么的在行李箱里。他们一时间没法证明他们自己是谁。

我曾经就此问过当地人，他们说，车子完全有可能被开到意大利南部偏远地区的地下黑车库，经过涂改发动机号，重新喷漆之后就可以转手卖掉。这里面有三个基本常识被忽略了，第一，司机不该离开车子；第二，导游应该在郊外找个地方组织吃饭；第三，客人们应该携带上自己的证件和贵重物品。

罗马的格里高利七世停车场历来是重灾区，中国来的廉价团往往从机场出来，第一站就在那儿组织吃团餐，加上司机导游再是新手，各路盗贼总是盯着那地方的。

还有一个极端的例子，一个比利时司机从机场载客出来，就停在那个停车场，客人去吃饭了。他确实守在车上，但是这司机太胖，脑供血不足，趴在方向盘上迷糊了过去，要命的是他抽烟，他把他那侧的窗玻璃摇下来一条缝隙。结果他醒过来是三天之后，躺在医院里。原来在他小睡的时候，有人把迷药从窗缝儿喷了进去，因为剂量太大，他差点儿没醒过来。当然，在他昏迷其间，车上的所有东西被洗劫一空。于是结果又跟前面的事件一样，好多客人的证件没了。

在意大利旅游的第二要义是不要因小失大。如果遇到为难的事儿，记住一个要点，不比欧洲别的国家的人，意大利人可以收买。

我有一次带了一大堆现金到罗马去接团，临走时我跟办公室要求，给我买机票，或者火车头等舱。结果公司出于莫名其妙的预算考虑，给我买了二等卧铺，还是夜车。我从巴黎蒙巴纳斯火车站一上车，发现我的车厢里有4张铺位，其他3个被3位浑身长满黑毛的土耳其人占着。这趟火车口碑非常差，经常传出可乐兑安眠药，给人喝了，然后偷窃的事儿。我去到餐车，发现一个年轻的黑女人喝醉了，在餐车门口朝我诡异地微笑。

身上带着一大堆现金的人是心虚的，觉得周围危机四伏。我找到乘务员，要求开一个空的包厢，他说那你再付三张票钱吧，大概500欧元。我给他一张50欧元的，说我不要任何票据，求他帮帮忙。他立刻给我开了一个空的包房，还送了一瓶饮料给我，并嘱咐我，他会在外面把门锁上，到站才会开的。那一夜，自然高枕无忧。

在意大利旅游第三要义是不要怕警察。

这话的意思是这样的，意大利有些盗贼化装成警察，有时拦住车辆，上车之后，说最近假币泛滥，要求大家把钱都交到他手里，以便查验。在这种情况下，一定要坚持查看对方证件，然后坚持打报警电话核实，这样的话，这些假警察就会心虚而撤退的。这样的事情不止一次发生，一次一辆大巴车被假警察拦住，那个女导游被告知是查假钱的，结果导游带头把钱统统交到假警察手里，客人也都效仿导游，然后这几个假警察就开车跑了。等明白过来，客人纷纷指责导游，那个导游真是上吊无绳，跳车又嫌太矮，摔不死。别提多难过了。

在意大利旅游第四个要义是不要随便求人帮忙。

我的一个同行跟一个挺二的司机一起工作，在一个停车场，司机在车上，我朋友要跟他说句话，司机下了车，也不知碰到什么按钮，反正车门在身后自动关上了，钥匙还插在发动车子的钥匙孔上。这是台新车，他们不知怎么打开车门，本来想打电话找开锁公司，又不舍得钱。结果我那个朋友灵机一动，跟附近几个吉卜赛人问道，能不能帮忙把车门打开，他知道这些人都是开车门的高手。那几个家伙说没问题，只要50欧元即可。商量好了价钱之后，那两个吉卜赛人在地上搜寻了一圈，我的朋友还纳闷这是什么开锁路数，结果看到这两个吉卜赛人一人手里举着半截砖头，“哇呀呀”地向车门玻璃冲了过去。我朋友立刻制止他们，问这是怎么回事？那两人说：我们平时就是这样开车门的，这次不同的是，你还给50欧元，又不用担心警察追捕。百年不遇这样的美事，你就随了我们的心愿吧。我朋友无奈之下还是打电话叫了开锁公司。

上面说了一大堆，就跟意大利旅游安全的《摩西十诫》一样，都是不能这样，不能那样的。但其实好多事情都是自找的。对我来说，如果自驾游，一定把车子开到地下停车场，然后把车子里的东西全部清空。住酒店，最好是城市的近郊地区，那边酒店安全、安静，附近的餐厅物美价廉，而且最重要的是周围的人平和善良，没有大城市的那份躁动和自私。我遇到的最险的事情恰好在郊外酒店。我跟一个法国女司机工作，一路上别别扭扭，我不知是她没经验，还是有更年期综合征，反正动不动就气得脸发红。那一晚，已经11点多，酒店服务台给我打电话，说一个过路的人通知前台，我们的车的行李箱门四敞大开，里面还有几件行李。我赶紧下楼，发现行李没少，简直万幸。我知道那几件行李是几个访问学者的，他们准备回国，嫌太重，就留在车上了。我把那个法国madam打电话叫了出来，她坚持说是别人打开的。我跟她说这也不合逻辑，打开为什么不偷行李。她嘟囔了一句，大概是滚你的蛋的意思。因为没损失，我也就没再跟她计较。这如果是在市中心酒店，那可就死光光了。后来听说这个女司机在开车过一个隧道时，也没看限高多少，结果把大巴车从顶上开膛破肚了，于是被公司炒了鱿鱼。也好，这种法国女强人应该干点力所能及的，比如去调节家庭纠纷，或反对家庭暴力什么的。

其实在意大利旅游安全方面，最令人安慰的是基本没有暴力抢劫事件。这跟巴黎以及其他地方有天壤之别。因此在我看来，关于意大利旅游安全最要不得的是自己吓唬自己。

许多年前，我就带过一个奇葩人物。他一上车，就吓了我一跳，穿一身迷彩服，头戴迷彩帽，脚蹬长筒野战靴子，背着迷彩包，还戴了一个风镜。每到一个地方，他就警觉地四处张望，好像不是来旅游，而是在搞侦察。每晚上到酒店，他都要酒店的安全示意图，他跟酒店说不明白，就把我找去。然后根据示意图，一层层查看紧急出口。我有时候都不理解，我们统统住在二楼，他非要去查看八楼的安全门，每天如此，让人不胜其烦。旅途倒数第二天，我们的车子行驶在意法边境的一个隧道里，这个隧道很长，12.9公里。在隧道中间，他突然大声问我："领队，如果我们现在车子着火了，该怎么办？"我真想回答道："shut 你妈 up！"不过我还是忍住了，毕竟还没收小费。

临近分手时，他写意见反馈表，说导游到最后失去了耐心。

请问有谁能对他始终有耐心？

一个美国电影理论家曾说过，他小的时候立志做一个牙医，他妈妈笑了，说人只有32颗牙，都治好了，还干什么？他反问妈妈，那么什么是理想的人生，他妈妈说，理想的人生应该包括尽可能多的回合。

其实旅游就是人为制造回合，它就跟生活本身一样，充满了不确定性和冒险。如果处处提防到那个迷彩哥儿的程度，生活就太没乐趣了。他即便不是出来旅游，就那身打扮走在家乡的一个大楼下面，楼上窗台一个老太太在浇花，被他吓着了，以为有暴恐事件发生，手一哆嗦，不小心把一个花盆碰翻，恰好砸到他头上，他就翻白眼了；或者他早晨怕上班迟到，把一个鸡蛋整个塞嘴里，结果噎着，也翻白眼了。按这迷彩哥儿的逻辑，即便躲到娘胎里也不见得安全，他妈要是太口渴，犯了迷糊，把一杯白酒当水灌肚子里，他在娘胎里也会酒精中毒的，仍然会翻白眼儿。

损话就不再说了。旅游是庸常人生的精彩部分，是自我的文化再造，当然也包括自我管理和自我发现。这其中包括如何应付外界的风险和保有平和但机警的精神状态。

后记

说不完的意大利

在上一本关于意大利的书出版之后，我认为我的意控（Italophile）情结一定得做个了结。于是，我花了两年半的时间，几乎用全职时间又编写出这本书。

那么，我的“意控”情结到底从何而来？那还是在非常年轻的时候，我在一个部队篮球队做运动员，有一年夏天，刚刚打完一个联赛，球队难得放假，我回家待了几天。白天家人都上班上学去了，我不知从家中什么地方搜出一套两卷本的《斯巴达克斯》读了起来。这部小说是19世纪意大利作家乔万尼奥里写的，后来才知道，这是意大利文学史的经典作品。阅读这部小说，给了我前所未有的体验。虽然年代久远，地域又相差万里，我跟书里面的人物和社会环境根本不搭界，但斯巴达克斯的故事还是让我读着热血沸腾。如今回想起来，最打动我的是小说人物的那份高贵、勇猛和光明磊落的精神气质。如果硬说有联系的话，那就是，不管是角斗士起义军，还是篮球运动员，其人生唯一的目标就是赢得胜利，赢得比赛。前者，赢得胜利意味着生存和自由；后者，对照我自己，赢得比赛又为了什么？为了荣誉？为了不被那个特殊群体淘汰？为了生存？后面这个问题，哪怕到现在我也无法准确回答出来。但无论如何，《斯巴达克斯》算是把对意大利钟情的种子植入我内心深处了。

从那时起，到我阴差阳错地成为欧洲专职华人导游，中间隔了好多年头，在此期间，意大利对我来说不过是一个地理名词而已。来法国之后，为生活所迫，我到巴黎一家旅行社面试导游一职，旅行社负责人对我说我应该合格，不是仅仅因为我获过两个文凭，读过一些文学和历史著作，也不仅仅是我外语过关，而是我个儿高，领着团队出游时，客人不至于跟丢了。他说："就安排你去意大利团实习吧。那儿路途长，情况复杂，可了解的东西很多。"就这样，我的"意控"种子偶然间被催生发芽。

我带团和自己去了意大利多少次？已经数不过来了。如果我把每个团事无巨细做一个备忘录的话，估计得填满一个大书架或装满一个T的硬盘（想想那些录像、图片、电影、音乐、书籍、对话，录音和其他数据）。总而言之，有15年时间，我人生精力最充沛的有效时间的利用几乎都跟意大利有关，哪怕窝在家里，也多半在读关于意大利的书。在意大利，我什么都经历过，由于旅游的特殊性，我的经历都是高频率的。这些事情积累多了，难免有不吐不快的想法，于是就写出了两本半书（第一本，2007年出版的《从凯旋门出发》有部分章节谈到意大利）。

即便如此，关于意大利，联系到这部书稿，我觉得还是有令我感到非常遗憾的地方。

首先，我从来没在意大利居住相当长的一段时间，对那里风土人情的了解，未免有隔靴搔痒之嫌。记得有的评论家在谈到英籍美国作家亨利·詹姆斯时说，他还不是一个完全的英国人，尽管亨利·詹姆斯在英国生活了40年。40年都嫌不够，更何况我的如蜻蜓点水般地掠过？

其次，在历史方面，我的阅读偏重文化史部分，因为我觉得旅游文学其实就是文化史的范畴。虽然我认为这个观点没错，但未免忽略了一些关于古罗马和意大利的一些重量级的作品。我真想好好阅读这些书，但是，蒙森的《罗马史》六大卷，爱德华·吉本的《罗马帝国衰亡史》全集也是六大卷，普鲁塔克的《希腊罗马名人传》三大卷，还有塔西佗、阿庇安，等等。对此，我不得不感叹，人生实在有限。

还有，发生在古罗马和意大利历史上的一些重大事件我不得不忽略，古代的比如布匿战争，现代的比如二战期间盟军拯救意大利文物的行动。这是没办法的事情，一本书的体裁要想适中，就不得不做出某些取舍。

最后涉及意大利文化历史名人。关于这一点，容我稍加解释。

在编写本书的过程中，我读过一些意大利名人传，但基本都没单独列出章节来评述。首先是但丁，我放弃他的理由是因为他的诗歌《神曲》无论如何伟大，在阅读译文时的那份体验仍然是另外一码事，这正应了那句话“诗歌的精髓是翻译时损失的那部分”。《神曲》中的托斯卡纳方言后来奠定了意大利语基础，这一点，除了意大利本土人或专业语言学家，中国读者有多少人能领略到但丁诗句的高妙之处？在今天，我们对被但丁投放到地狱里的恶人了解吗？为什么古罗马诗人维吉尔被但丁认作领路人？而维吉尔又为什么没资格去天堂？我放弃达·芬奇的原因正好相反，我在他的传记里找不出有所启发的故事。他是个完人，无论从身体还是从智力方面着眼都是如此。但他的超然，使我认为人不应该等同于艺术品，人要有缺陷才是人。也许学界对达·芬奇的了解依然不够，也许如我这样的俗人，解读达·芬奇超出了我的能力范围，就像我始终搞不懂《蒙娜丽莎》的笑容意味着什么一样。接下来，对马基雅维利的认识要更复杂一些，他应该被视为一个文化人物还是政治人物？更为重要的是，由他的著作引申出的所谓马基雅维利主义，总是会被曲解，中外概莫能外。所以对我来说，其实不管怎么曲解和忽略都无损于马基雅维利的伟大。说到当代，我觉得翁贝托·艾柯是神一样的文化存在。他把学术研究和审美结合得天衣无缝，证明意大利文化依然生机勃勃。但是，为什么意大利人在审美方面有天然的优雅和高超品位？什么是一个伟大作家必备的学术基础和创造力？我要是说丹·布朗的《达·芬奇密码》连给艾柯的小说《玫瑰的名字》做垫脚石都不够格，那该招来多少攻击和谩骂？文学作品到底是应该迎合大众口味还是众醉独醒？或者众醒独醉？我找不到答案，所以，只好不谈。

上面都是真心话，当然，这还没完。我没提意大利足球，也没说意大利电影，还有意大利红酒……就是说，尽管反复写过意大利，在面对意大利令人痴迷的林林总总，我仍然像一个刚学会游泳的人面对浩瀚大海一样感觉渺小。我试过这个无境之水，但作为凡俗之人，我必须游向最近的岸边了。

对我来说，神游意大利这一页应该也必须翻过去。

但钟情依旧。

我很庆幸自己做过这个尝试，而且应该在此感谢很多人。

感谢我的好友徐大庆先生，没有他的最初音频节目提议，这本书不可能成稿。

感谢我的好友，知名作家申赋渔先生。是他的极力推荐，我才在喜马拉雅网络平台做了42期《魅力意大利》的音频节目。

感谢上海与闻文化传播有限公司的负责人和编辑们，是他们的督促跟合作，才使本书有了雏形。另外，还要感谢好多听友，在他们的鼓励下，我才有勇气把节目继续做下去。

感谢我的亲兄弟王志明先生，好多资料都是他帮忙搜集的。

感谢我的好友周军、李杰、高勇先生，我的不少想法是在他们的建议下形成的。

感谢广东旅游出版社的领导和同仁们。他们给我提供了出版本书的机会，而且对稿件的具体细节提出了好多中肯的修改意见。

还有我的家人，我必须感谢。没有他们的陪伴和实际帮助，这本书也不可能完成。

利明

2019年3月23日

参考文献

1. 尤瓦尔・赫拉利. 人类简史[M]. 林俊宏，译. 北京：中信出版社，2014.

2. 戴夫・德威特. 达芬奇的秘密厨房[M]. 梅佳，译. 北京：新星出版社，2008.

3. 卡罗尔・F・赫尔斯妥斯基. 比萨：吃的全球史[M]. 牟百冶，译. 桂林：漓江出版社，2014.

4. Luca Spaghetti. Un Amico Italiano: Eat, Pray, Love in Rome[M]. Antony Shugaar,trans. New York:Penguin Books,2011.

5. 维吉尔. 埃涅阿斯记[M]. 杨周翰，译. 北京：人民文学出版社，1984.

6. 罗伯特・B・柯布里克. 罗马人：地中海霸业的基石[M]. 张楠，等，译. 北京：世界图书出版公司，2014.

7. 彼得・琼斯. 罗马帝国档案[M]. 孙逸凡，译. 哈尔滨：北方文艺出版社，2015.

8. 理查德・桑内特. 肉体与石头：西方文明中的身体与城市[M]. 黄煜文，译. 上海：上海译文出版社，2006.

9. 刘易斯・芒福德. 城市发展史[M]. 宋俊岭，倪文彦，译. 北京：中国建筑工业出版社，2005.

10. 爱德华・吉本. 罗马帝国衰亡史[M]. 黄宜思，黄雨石，译. 北京：商务印书馆，1996.

11. 詹姆斯・奥唐奈. 新罗马帝国衰亡史[M]. 夏洞奇，康凯，宋可即，译. 北京：中信出版社，2016.

12. 埃米尔・路德维希. 地中海历史[M]. 刘毅，译. 北京：人民日报出版社，2015.

13. 威尔・杜兰特. 世界文明史：恺撒与基督[M]. 台湾幼狮文化，译. 北京：东方出版社，2003.
14. 普鲁塔克. 希腊罗马名人传[M]. 席代岳，译. 吉林：吉林出版集团有限责任公司，2009.
15. 海因里希・沃尔夫林. 文艺复兴与巴洛克[M]. 沈莹，译. 上海：人民出版社，2007.
16. 朱龙华. 意大利文化[M]. 上海：社会科学院出版社，2012.
17. 凯斯・米勒. 圣彼得大教堂[M]. 郑明萱，译. 北京：清华大学出版社，2012.
18. 维尔・杜兰. 世界文明史卷六：宗教改革[M]. 台湾幼师文化公司，译. 北京：东方出版社，2003.
19. 布雷特・福斯特，哈尔・马尔科维茨. 罗马文学地图[M]. 郭尚兴，刘沛 译. 上海：上海交大出版社，2017.
20. 罗斯・金. 米开朗琪罗与教皇的天花板[M]. 黄中宪，译. 北京：社会科学文献出版社，2017.
21. 布拉加丁. 地中海海战：第二次世界大战中的意大利海军[M]. 蔡鸿幹，译. 北京：海洋出版社，1982.
22. 周明，胡烨. 烽火亚平宁：意大利之战[M]. 武汉：武汉大学出版社，2010.
23. 杰弗里・帕克. 剑桥战争史[M]. 傅景川，译. 吉林：吉林人民出版社，2001.
24. 理查德・博斯沃思. 墨索里尼[M]. 李宏强，译. 北京：国际文化出版公司，2004.
25. 戴尔・布朗. 庞贝：倏然消失的城市[M]. 张燕，译. 北京：华夏出版社，2002.
26. 罗伯特・艾提昂. 庞贝——掩埋在地下的荣华[M]. 王振孙，译. 上海：上海书店出版社，1999.
27. 罗贝托・萨维亚诺. 蛾摩拉：一个意大利反黑记者的卧底人生[M]. 赖盈满，译. 北京：人民文学出版社，2010.
28. John Julius Norwich. Sicily: A Short History from the Ancient Greeks to Cosa

Nostra[M]. London:John Murray,2015.
29. 纹石. 黑手党秘史[M]. 黑龙江：人民出版社，1997.
30. 黛娜·托马斯. 奢侈的！[M]. 李孟苏，崔薇，译. 重庆：重庆大学出版社，2011.
31. 保罗·亨利·朗. 西方文明中的音乐[M]. 顾连理，等，译. 贵州：贵州人民出版社，2001.
32. 博马舍戏剧二种[M]. 吴达元，译. 北京：人民文学出版社，1962.
33. 保罗·罗宾逊. 歌剧与观念[M]. 周彬彬，译. 上海：华东师范大学出版社，2008.
34. 罗杰·克劳利. 财富之城[M]. 陆大鹏，译. 北京：社会科学文献出版社，2015.
35. 马可·波罗. 马可·波罗游记[M]. 梁生智，译. 北京：中国文史出版社，1998.
36. 约翰·劳伦斯·雷诺兹. 阴影中的人[M]. 隋荷，译. 北京：华文出版社，2008.
37. 雅克布·布克哈特. 意大利文艺复兴时期的文化[M]. 何新，译. 北京：商务印书馆，1983.
38. 芭芭拉·雷诺兹. 全新的但丁：诗人·思想家·男人[M]. 吴建，张韵菲，译. 黑龙江：黑龙江教育出版社，2015.
39. 奈杰尔·考索恩. 罗马教皇罗曼史[M]. 莘莘，如梦，岸峰，译. 吉林：吉林人民出版社，1998.
40. 克里斯托夫·赫伯特.美第奇家族兴亡史[M]. 吴科平，译. 上海：上海三联书店，2010.
41. 苏姗·伍德福特，等. 剑桥艺术史[M]. 罗通秀，等，译. 北京：中国青年出版社. 1994.
42. 罗斯·金. 圆顶的故事[M]. 吴光亚，译. 北京：清华大学出版社，2012.
43. 拉菲尔–欧利阿尼，李卡多–斯达亚诺. 不死的中国人[M]. 邓京红，译. 北京：社会科学文献出版社，2011.